INICIACIONES *del* CORAZÓN

ELIZABETH CLARE PROPHET

SUMMIT UNIVERSITY PRESS ESPAÑOL®

Gardiner, Montana

INICIACIONES DEL CORAZÓN
de Elizabeth Clare Prophet

Título original:
INITIATIONS OF THE HEART

Para obtener más información, póngase en contacto con
The Summit Lighthouse, 63 Summit Way, Gardiner, MT 59030 USA
Tel: 1-800-245-5445 or1 406-848-9500
info@SummitUniversityPress.com
www.SummitLighthouse.org

Library of Congress Control Number: 2023946681
(Número de control de la Biblioteca del Congreso: 2023946681)
ISBN: 978-1-60988-459-8 (rústica)
ISBN: 978-1-60988-460-4 (digital))

SUMMIT UNIVERSITY PRESS ESPAÑOL®

26 25 24 23 1 2 3 4

INICIACIONES
del
CORAZÓN

ÍNDICE

PREÁMBULO

Accede al fuego sagrado oculto en tu corazón. Ven y entra al sitio donde tienes los anhelos más elevados, el sitio llamado el Lugar de Grandes Encuentros. Los místicos y maestros conocen este centro y lo llaman cámara secreta del corazón. El instructor dice: «Ven y encuéntrame».

En estos tiempos cruciales, las almas de luz buscan la preparación espiritual avanzada que recuerdan de forma intuitiva de las antiguas escuelas de misterios. En esas escuelas de misterios existe una fórmula espiritual dinámica que ha perdurado a lo largo de los tiempos: ¡se asciende a través del corazón! Hoy día, los Maestros Ascendidos vienen a enseñar la avanzada sabiduría que revela cómo podemos superar las pruebas del corazón.

Iniciaciones del corazón se centra en la activación de la chispa divina que tenemos en el corazón a través de una relación con los Maestros Ascendidos. Sentirás la presencia de los Maestros Ascendidos cuando ellos le hablen directamente a tu ser interior y te ayuden a abrir y equilibrar el fuego sagrado del corazón, algo que necesitas en tu viaje espiritual.

Descubre tu conexión viva con los Maestros Ascendidos a medida que te elevas hacia el reino del Amor Divino a través de las *Iniciaciones del corazón.*

CAPÍTULO 1

La Diosa de la Libertad

Nuestro origen en el corazón de la libertad

Equilibrar la llama trina mediante el verdadero contacto con el Señor Maitreya

Capilla «Deer Park Chapel» en ocasión del vigésimo séptimo aniversario de la fundación de The Summit Lighthouse

Vino a mí palabra del SEÑOR de los ejércitos, diciendo:

Así ha dicho el SEÑOR de los ejércitos: Celé a Sion con gran celo, y con gran ira la celé.

Así dice el SEÑOR: Yo he restaurado a Sion, y moraré en medio de Jerusalén; y Jerusalén se llamará Ciudad de la Verdad, y el monte del SEÑOR de los ejércitos, Monte de Santidad.

Así ha dicho el SEÑOR de los ejércitos: Aún han de morar ancianos y ancianas en las calles de Jerusalén, cada cual con bordón en su mano por la multitud de los días.

Y las calles de la ciudad estarán llenas de muchachos y muchachas que jugarán en ellas.

Así dice el SEÑOR de los ejércitos: Si esto parecerá maravilloso a los ojos del remanente de este pueblo en aquellos días,

¿también será maravilloso delante de mis ojos? dice el SEÑOR de los ejércitos.

Así ha dicho el SEÑOR de los ejércitos: He aquí, yo salvo a mi pueblo de la tierra del oriente, y de la tierra donde se pone el sol;

y los traeré, y habitarán en medio de Jerusalén; y me serán por pueblo, y yo seré a ellos por Dios en verdad y en justicia.

Zacarías 8

Hijos e hijas de la Libertad, he venido con la luz de la Madre Divina, portando su llama. Y en estos momentos estoy en la puerta este de la Ciudad Cuadrangular, anunciando así el cumplimiento de todos estos años de ciclos realizados.

El llamamiento del Mensajero Mark L. Prophet

Amados corazones, con la plenitud de la llama ha descendido la luz, no necesariamente como contáis vosotros, sino como contamos nosotros, veintisiete años y tres más en la victoria de la luz para el llamamiento de Mark que precisó la respuesta de ir a la ciudad de Washington y fundar The Summit Lighthouse.

Él había meditado en la Madre Divina cuando compuso las Notas del Áshram salidas del corazón de El Morya; y el establecimiento de ese Áshram para ella y la Gran Hermandad Blanca fue su sueño más grande. Por tanto, con fe plena en El Morya respondió al llamado y fue a la ciudad de alabastro, convergiendo allá con el Maestro y sus chelas en el centro de poder de la nación a fin de atraer a muchas almas a su punto de origen.

Vuestro origen en el corazón de la Libertad es verdaderamente vuestra razón de ser.

Séptima dispensación del Gran Director Divino: expansión y abundancia mediante la llama trina

Oh amados, cómo desciende la llama violeta desde las alturas de la atmósfera superior sobre este sitio, nuestro pesebre en el corazón del Rancho Royal Teton. Oh amados, las corrientes de la luz del séptimo rayo descienden mientras todos los que participan de esta comunión en estos momentos se preparan para avanzar con certeza en la séptima dispensación del amado Gran Director Divino.

Este año, por tanto, se cuenta como el vigésimo séptimo con el poder del nueve, siete miembros del Consejo Kármico y dos a quienes no habéis visto. El poder del nueve es el poder de vuestra llama trina multiplicada por el poder de la llama trina de vuestro Ser Crístico y vuestra poderosa Presencia YO SOY. Por tanto, en la multiplicación de esa trinidad de luz podéis ver expansión, aumento y abundancia.

Benditos corazones, comprended la oportunidad que pone ante vosotros la amada Porcia; es la puerta abierta para equilibrar la llama trina mediante el verdadero contacto con el Señor Maitreya. Y yo digo, como vuestra Madre de los ciclos, vuestra Madre de la Libertad y vuestra Madre de la flamígera antorcha de la iluminación, que la necesidad del momento es el verdadero contacto del corazón. Si realizarais este contacto de verdad, incluso solo un momento (como el hierro marca a los pequeños que pasan para recibir su doble *V*[1]), la Palabra se implantaría en vuestro corazón,[2] el fuego se presionaría contra vuestro corazón.

Esto tiene lugar, amados, a través del verdadero amor, la verdadera armonía y el corazón abierto que no falla en recibir a nadie ni en dar amor a todos. Porque, por supuesto, es cierto nunca se sabe cuándo uno le está sirviendo a Maitreya y por eso, por supuesto, conviene identificar a todos con los que os encontréis como Krishna y, por tanto, comportaros como corresponde. El verdadero contacto de corazón con Maitreya es necesario porque la llama trina no puede multiplicarse hasta su expansión más grande, necesaria en estos momentos para vosotros mismos y esta organización, a menos que esté equilibrada o casi equilibrada.

Porque multiplicar el desequilibrio, por supuesto, es aumentar el desequilibrio. Por tanto, deseamos multiplicar el poder del Padre a través de la sabiduría del Hijo y el amor del Espíritu Santo establecido firmemente en el poder de la pureza de la Madre.

El llamamiento de la Mensajera Elizabeth Clare Prophet

Benditos, este es un año en el que la puerta está abierta y la puerta se abre en la línea tres. Esta línea de las tres es una alquimia poderosísima, una cuadratura del círculo poderosísima, la cual denota en la carta de The Summit Lighthouse el momento de la venida de esta Mensajera a Washington. Tal como Mark la precedió en 1958, ella vino en 1961 con ese mensaje y esa misión, bendita de mi corazón, a abrir la puerta, a revelar la identidad de los portadores de luz de la Tierra, a convertirse en la llama del faro, a enviar haces de iluminación y, por tanto, a traer la llama de su corazón para multiplicar la de Mark, para que los gemelos pudieran avanzar en la construcción de los cimientos de esa poderosa estructura a la que todos y cada uno de vosotros habéis agregado, algunos una, otros muchas piedras a la torre de luz.

Mediante el poder del nueve, Lanello sella su corazón con el nuestro

Y así, amados, tal como este es el momento de Mark en este vigésimo séptimo (y en los años anteriores, los de su preparación, un número mayor), este es para él el momento de ese poder del nueve en la octava ascendida. Por tanto, con el pleno equilibrio de su llama trina y la devoción de la Madre que él tiene, Lanello viene por autorización de los Señores del Karma, por dispensación del Sol Central, para poner su Presencia Electrónica sobre vosotros, para sellar su corazón con vuestro corazón para que el lazo de amor pueda verdaderamente ser conocido en la carne.

Oh amados, dejad que él vuelva a nacer a través de vosotros al comprender que el imán de su llama trina sobre la vuestra puede impulsar ese equilibrio de fuerzas cósmicas en vosotros y llevaros al momento del verdadero contacto de corazón con Maitreya. Este don de dones es de lo más necesario en estos momentos, pues la llama trina equilibrada se acelera y se expande con rapidez. Crece hasta dimensiones cósmicas, amados. La clave es la armonía y la pureza.

El amor, pues, debe ser cuidado, pues amor es lo que quisieran quitaros esos dioses extraterrestres y caídos, y al quitar el amor, aumentar la oscuridad, el temor, la duda, la ira, la irritación y la discordia. Y, por tanto, esto ciega la verdadera luz penetrante de la sabiduría del Hijo y eclipsa la presencia del Padre.

Calculad las pruebas. Observad al intruso

Por tanto, anotad cada día, amados, cuando decidáis caminar con Lanello, que está en el corazón del Dios Armonía, qué es, desde el momento en el que os despertáis, con el paso de las horas, aquello que se entromete primero en vuestra cita con el Señor, con el Novio, Ser Crístico, con el amado Lanello. Anotad bien aquello que pueda ser que venga del interior o del exterior y que quiera desatar una marea, un repentino sentimiento tácito. Sea cual sea el caso, amados, de verdad es hora de observar incluso la hora y el momento a fin de poder calcular sobre el reloj cósmico las pruebas de Maitreya, pues, como nunca, venimos con la llama trina de la Libertad.

Tenemos el gran deseo de ver este equilibrio en vuestra vida, esta paz mediante la cual todo lo que ha acontecido antes valdrá. Porque los seres Crísticos de hecho aparecerán entre vosotros. El Sendero es maravilloso, la enseñanza profunda, la sabiduría pura; pero no hay instructor más grande que el mejor ejemplo. Por tanto, amados, cuántas facetas de la llama, cuántas virtudes; no es de extrañar que hagan falta muchos para darse cuenta de este gran ramo de amor de Dios que se derrama hoy.

Por tanto, amados, si podéis determinar la fuente de lo opuesto a la paz en el interior, quizá en un antiguo recuerdo o en la infancia, si podéis determinar la fuente exterior, que surge de este o aquel rincón del universo, si podéis atar la energía mal cualificada y mantener la paz y la ecuanimidad de los chakras sin volveros ineficaces ni convertiros en soñadores ociosos, si podéis permanecer en el punto de acción y mantener la paz con control Divino, contribuiréis a la fuerza de la luz para mantener el equilibrio de las naciones. Vosotros de manera individual haréis posible que la Mensajera vaya a esos países este año. Atraeréis la luz, el suministro y a vuestros hermanos y hermanas aquí; y realizaréis vuestras tareas en menos tiempo.

La maestría sobre uno mismo como fruto

Comprended que, con toda vuestra devoción, dulzura, lealtad y temor al SEÑOR como asombro ante su Presencia, vuestro deseo de hacer tantas cosas y de dar tanto, nosotros deseamos que de verdad tengáis como fruto la maestría sobre vosotros mismos. Y esa automaestría comienza en el mismísimo centro de vuestra vida.

Es algo maravilloso el observar el sendero del triunfo de estos Mensajeros sobre las fuentes del temor, la exasperación y el tormento; y la conclusión siempre es que el Dios que hay dentro es más grande que lo que hay fuera.[3]

A menudo os damos valor y a menudo os damos espacio para que precipitéis vuestro propio valor, para que avancéis y afrontéis muchos desafíos en vuestra vida. Y como organización, cada vez que veis qué poderoso es el poder de Dios, qué completa es la sabiduría del Hijo, qué amoroso verdaderamente es el amor, eso os hace más fuertes. Podéis expandir las dimensiones de la responsabilidad. Ya no es imposible conquistar el Éverest ni incluso los peores defectos propios que han existido durante tanto tiempo. Esas manifestaciones, que han parecido ser tan atemorizantes como Goliat, se reducen en tamaño cuando os expandís y comprendéis que vosotros también podéis ocupar la totalidad de Dios.

Guardar la llama en la entrada a los Estados Unidos

La Nueva Jerusalén: centro religioso de la Tierra

Así ha dicho el SEÑOR de los ejércitos: Aún vendrán pueblos, y habitantes de muchas ciudades;

y vendrán los habitantes de una ciudad a otra, y dirán: Vamos a implorar el favor del SEÑOR, y a buscar al Señor de los ejércitos. Yo también iré.

Y vendrán muchos pueblos y fuertes naciones a buscar al SEÑOR de los ejércitos en Jerusalén, y a implorar el favor del SEÑOR.

Así ha dicho el SEÑOR de los ejércitos: En aquellos días acontecerá que diez hombres de las naciones de toda lengua tomarán del manto a un judío,[4] *diciendo: Iremos con vosotros, porque hemos oído que Dios está con vosotros.*

Zacarías 8

Por tanto, vengo como vuestra Madre bendita que sigue en pie y guardando la llama en la entrada a los Estados Unidos. Es una gran entrada a través de la cual ha pasado en un momento u otro toda la gama de evoluciones del mundo, incluso en la antigua Atlántida, cuando la entrada [estando donde está ahora] se encontraba en el lado occidental de ese continente.

La iniciación de la niña en la Estatua de la Libertad

Amados corazones, en la plenitud de la llama de Dios Todopoderoso, vengo con la alegría de la niña, la pequeña que fue por primera vez a mi santuario en Nueva York, subió por las escaleras sin cesar hasta llegar a la coronilla y se quedó asombrada por estar dentro de mí. Lo recuerdo bien. Ella cumplía nueva años y yo había organizado la llegada para poder también ser de ayuda en esa iniciación de la llama trina, que sería otra vez el poder del «tres por tres» para que ella emprendiera su camino.

Por tanto, amados, a vosotros también os he tocado de niños, como cuando llamé a esta Mensajera a mi santuario en aquellos primeros años cuando, como pasa con mucha gente, la maravilla de la Estatua de la Libertad tiene un gran significado en el corazón, inexpresable; y la alegría por el país propio y la historia, el amor del pueblo francés por esta nación. En estos momentos, pues, la renovación de la estatua es apropiada,[5] porque este es un momento en el que los Señores del Karma pueden dar un paso al frente bajo el estandarte de la Libertad y lograr una gran iluminación y paz para sus naciones. Es un santuario digno de desearse grandemente porque simboliza la elevación del rayo femenino otra vez.

Iniciados de la llama de la Madre: veintidós puertas en el círculo iniciático

Desde Lemuria, desde la Atlántida, desde todos los continentes surgen iniciados de la llama de la Madre. Han salido de la India. Han salido de América. Y los mayores devotos de la Madre Divina han sido los *rishis** y los gurús que han descendido de Sanat Kumara, incluso Gandhi, que salió en su nombre para unir a un país que no quería unirse.

Hoy que celebramos el vigésimo séptimo año, también conmemoramos el vigésimo séptimo año de la venida de esta Mensajera y, por tanto, los ciclos del cuerpo causal del Gran Director Divino, que tiene no doce, sino veinticuatro puertas en el círculo de su iniciación. La partida de la Madre y las pequeñas madres a través de esa puerta del este hacia Europa y más allá[6] significa la

**rishi* [sánscrito]: sabio hindú, santo o poeta inspirado.

llegada de este ciclo otra vez, dos por doce. Y es verdaderamente un momento de gran, gran victoria.

El número veinticuatro en vuestra vida es una recapitulación y una dedicación. Marcad bien los ciclos. Es Alfa y Omega dos veces en torno al reloj, lo cual indica todas estas oportunidades para la llama violeta y para saldar el karma, la familiarización con las pruebas de la astrología divina y humana, etcétera.

Por tanto, nosotros vemos qué estrechos son los lazos de los ciclos del mundo y los acontecimientos con esta organización. Con todo el poder del Arcángel Miguel que habéis esgrimido en el Rosario [del Arcángel Miguel] y todo lo que se ha evitado y la gran protección que se le ha dado a esta actividad, a los Mensajeros, a las enseñanzas, a los estudiantes, a los centros de todo el mundo, incluso la protección a los Estados Unidos y a todos los países donde se reza el rosario, con todo no ha sido posible hacer a un lado el karma de la humanidad ni anular totalmente las conspiraciones de Oriente y Occidente a través del capitalismo mundial y el comunismo mundial.

Ataque al santuario y a la llama de Mohandas Gandhi en Sudáfrica

Amados corazones, para esta organización tiene importancia que hoy, en Durban, Sudáfrica, el santuario y la casa, los documentos, los libros y los documentos de Mohandas Gandhi hayan sido destruidos debido a una revuelta, que hayan sido quemados totalmente, amados corazones.[7] Por tanto, esto es un ataque directo a mi llama en Sudáfrica, puesto que Sudáfrica es la base y el chakra de la Madre de todo el continente…

Tal como comentó uno de los líderes sobre que la pérdida fue grande, no de las cosas materiales, sino de su modo de vida, su filosofía, su paz, así, amados, el mundo puede tener la bendición de saber que antes de que la gente llamara, Surya respondió para patrocinar la venida de esta alma[8] para que esa llama específica no se apagara, aunque las hordas de la oscuridad y los que son presa de la ira de la muerte y el infierno vinieran a destruir no solo el santuario, sino el hogar de Mohandas.

Vuestra presencia en la Tierra como la llama viva de la Libertad

Por consiguiente, lo que perdura es la llama viva del amor. Por eso, hace muchos ciclos os patrociné a cada uno de vosotros. Y el poderoso ángel timbró vuestro archivo, «aceptado», y encarnasteis. Qué vívidos son los recuerdos de las palabras que os dijimos, de vuestro encargo y de la visión que dio Ciclopea sobre este lugar que es la Ciudad Santa.[9]

Amados, os patrocinamos por el mismo motivo que patrocinamos a Mohandas y a estos Mensajeros, para que vuestra llama no se apagara. Aunque quieran destruir lo que construisteis en otra vida, vuestra presencia en la Tierra como llama viva de la Libertad no podría morir, no se extinguiría.

Por tanto, os mostramos esas joyas magníficas que pusisteis en la Tierra en la Atlántida, en Oriente, en muchos continentes y en anteriores civilizaciones de Norteamérica. Amados corazones, os mostramos cómo los cataclismos, el hundimiento de continentes, el cambio geográfico y la desaparición de aquellas civilizaciones dejaron vuestras obras enterradas, a veces bajo los mismísimos mares. Y os disteis cuenta de que esas obras nunca volverían a servir para el bien, nunca recuperarían a una sola alma, no lograrían la victoria, y que vosotros mismos no subiríais por la espiral de los ciclos de la resurrección a menos que volvierais y construyerais otra vez para así producir a partir de los archivos de la Hermandad las obras de vuestras manos, de vuestro corazón y de vuestra alma.

Amados, en efecto es una poderosa alquimia y un momento de autotransformación de esta organización el comprender que a través del corazón de Jesús, a través del corazón de los Maestros Ascendidos, los Elohim y los arcángeles, vuestra santa ofrenda de todos los tiempos pasados debe atravesar la llama sobre el altar y convertirse ahora en parte de una gran ofrenda que esta comunidad puede poner sobre el altar del cuerpo mundial, uniendo, purificando, tamizando, manteniendo solo el oro más puro para construir la figura de Maitreya.

Por tanto, no para volver a hacer exactamente lo que se hizo anteriormente, sino para hacerlo en el sentido de lo que se necesita, lo que es aplicable, lo que puede comunicar y de verdad incitar a la acción divina, evocando de los corazones de toda la gente el fervor de la Libertad que enciende la creatividad y la genialidad, que libera a los hombres del trabajo arduo de siglos pasados, que los capacita para ser más que el hombre mecanizado.

Volver a encender la llama de la Libertad

El momento en el que se enciende y se prende —o en el que se vuelve a prender, según sea el caso— el fervor pleno de esta llama de la Libertad, que es la llama de Cristo, es el día y la hora de vuestro renacimiento. Nacer, pues, en la llama Crística es la experiencia, *la experiencia* que el cristiano que ha vuelto a nacer debería conocer.

Hablo de este momento porque se trata de un momento de aumento de la llama que ya tenéis. La llama que arde continuamente en silencio ahora, de repente, se enciende con la antorcha de la Libertad y ya no es una llama pequeñita, ¡sino una conflagración que arde en todo vuestro ser! ¡Y verdaderamente el Espíritu Santo os viene, y ese es el momento de la fusión, de vuestra unión con el Cristo vivo, con la Gran Hermandad Blanca, con todo su Espíritu!

Rezad por esto, amados. Porque el paso arrollador de los fuegos de Maitreya por vuestro ser que puede tener lugar gracias a vuestra diligencia es más de lo que jamás planeasteis o previsteis en el sendero de los Maestros Ascendidos.

A veces llega a través de una comprensión profunda. A veces llega a través de ese contacto con un Maestro Ascendido de una unión extraordinaria que se produce solo una vez en la vida. Estos momentos son valiosísimos. Y cada vez que recibís un dictado, recibís este contacto de alguna forma.

Pero, amados, en el momento en el que vuestra llama trina se equilibre y por consiguiente pueda aumentar aún más a través del poder del «tres por tres», comprenderéis la diferencia entre los vivos y los muertos.[10] Comprenderéis más allá de ese nivel temprano en el sendero iniciático la venida de la maestría Divina, el contacto directo con la Gran Hermandad Blanca, la sensación de que uno camina al lado de inmortales sin que haya separación, sin velo, sin despedidas.

Verdaderamente, uno forma parte de todas las huestes del SEÑOR a través de la llama trina expandida.

La protección de Miguel para el sendero de la maestría Divina

Habéis logrado, pues, un requisito fundamental para avanzar con esta iniciación al rezar el rosario al Arcángel Miguel con diligencia, pues he hecho, amados, habéis establecido una protección más grande a vuestro alrededor y alrededor de esta actividad de lo que habéis conocido en muchas, muchas vidas. Esta protección, como se os ha enseñado, es necesaria para que carguéis con la extraordinaria luz que os habéis ganado por devoción, pero que no habéis recibido por falta de acción iluminada, equilibrio y armonía. Por tanto, amados, podemos dar dones, recompensas, un gran amor y oportunidad, pero no podemos dar el don debido a menos que la llama de la maestría Divina se busque.

Amados corazones, la armonía es la progenitora de la maestría

Divina. Cuando tengáis la maestría que puede mantenerse ante cualquier fuerza que os ataque cuando vuestra llama trina está expandida, ¡entonces tendréis la llama trina expandida! Porque las arremetidas contra vuestra vida, que como habéis visto le han llegado a esta Mensajera con tanta facilidad, esas arremetidas que llegan cuando estáis ante el mundo en el umbral de ser de verdad la plenitud del Ser Crístico, para este encuentro debéis estar preparados. Debemos saber que nada que se os pueda hacer o decir puede moveros de vuestro trono de armonía, sentados como el Buda, la Madre, las huestes angélicas.

Comprended, amados, que cada vez que se permite que entre la discordia, el dolor puede ser muy grande en el corazón y el templo (cuanto mayor sea la llama que haya ahí). Por eso os explico bajo una nueva luz lo que ya se ha dicho antes: que es necesario que lleguéis a ser iguales a la luz que tenéis a vuestra disposición. Debéis tener la instrucción de los maestros de los Himalayas. El propio Señor Himalaya acudirá a vuestra sala a enseñaros. No hay barreras. No tenéis ninguna necesidad de ir en busca de esto o aquello para lograr cualquier técnica.

La reunión de los elegidos para adorar al Señor de los ejércitos en el Lugar de Grandes Encuentros

SANTIDAD AL SEÑOR en la fiesta de los tabernáculos

Y todos los que sobrevivieren de las naciones que vinieron contra Jerusalén, subirán de año en año para adorar al Rey, al Señor de los ejércitos, y a celebrar la fiesta de los tabernáculos.[11]

Y acontecerá que los de las familias de la tierra que no subieren a Jerusalén para adorar al Rey, el SEÑOR de los ejércitos, no vendrá sobre ellos lluvia.

Y si la familia de Egipto no subiere y no viniere, sobre ellos no habrá lluvia; vendrá la plaga con que el SEÑOR herirá a las naciones que no subieren a celebrar la fiesta de los tabernáculos.

Esta será la pena del pecado de Egipto, y del pecado de todas las naciones que no subieren para celebrar la fiesta de los tabernáculos.

En aquel día estará grabado sobre las campanillas de los caballos: SANTIDAD AL SEÑOR; y las ollas de la casa del SEÑOR serán como los tazones del altar.

Y toda olla en Jerusalén y Judá será consagrada al SEÑOR de los ejércitos; y todos los que sacrificaren vendrán y tomarán de ellas, y cocerán en ellas; y no habrá en aquel día más mercader en la casa del Señor de los ejércitos.

Zacarías 14

Amados corazones, esta es la reunión en el Retiro Interno de los elegidos que han escogido el encuentro con Maitreya. Este es el lugar apartado para el encuentro con él. Por tanto, ruego que os apresuréis a pisar estos valles [velos] y que os deslicéis más allá por el aire y la octava etérica y confiéis en que Dios está esperando, que yo estoy esperando, que El Morya está esperando, y que la victoria de estos años y vuestra victoria al estar aquí, al regocijaros por este gran final con un nuevo comienzo, es que El Morya y Lanello puedan ofreceros a cada cual, según queráis tomarlo, el sendero acelerado de la maestría sobre vosotros mismos.

La entrega del plan de veinticuatro años desde el Gran Sol Central

Por tanto, que suenen las campanas. ¡Que suenen las campanas del carillón desde los retiros de la llama violeta! Están sonando en este instante y en este momento. Por tanto, anotadlo bien con vuestro reloj. [22:55 horas] Pues en este momento, amados, el Gran Sol Central, a través de Arcturus, a través de los seres del séptimo rayo, entrega el nuevo plan de veinticuatro años a partir de ahora. Y esto pertenece al ciclo de treinta y tres años ya anunciado.[12]

Amados, se ha logrado victoriosamente un plan de veinticuatro años. Os anuncio, con todo lo que podáis haber percibido como contratiempos o fracasos, que en este plan de veinticuatro estáis en el plazo previsto, este plan de veinticuatro horas, años y ciclos del cosmos. Esto tiene que ver con los cuerpos causales de los Mensajeros, los vuestros y los de vuestras llamas gemelas. Tiene que ver con muchas actividades internas que han tenido lugar, amados. Y así, cuando os levantéis y cuando adelantéis el pie derecho, entraréis en el nuevo ciclo. Y ese ciclo es aquel por el que habéis venido.

La entrega del cuerpo causal de Padma Sambhava

Os habéis apresurado. Os habéis asegurado de estar en esta organización, en algún lugar de la Tierra, en este momento de la entrega, amados, del cuerpo causal de nada menos que el amado Padma Sambhava.

Benditos, el Buda desciende. Esferas de luz descienden. Estamos radiantes ante la Presencia. Y vemos la claridad cristalina de los muchos tonos de cada rayo: los verdes y los oro de su precipitación de la poderosa sabiduría en todos los campos, los interminables azules e índigos de su mundo de luz. Y en esta esfera, oh amados, ved a los muchos bodhisatvas que están posados ahí, aquí y en otros puntos de intersección de las líneas de fuerza, que significan el punto de iniciación para ellos.

Ahora vemos las poderosas esferas de rosa pálido y más oscuro, el rubí intenso y la mezcla con los rayos secretos donde el rosa y el amarillo se convierten en el color durazno suave que es una luz muy reconfortante. Amados, el turquesa se convierte en el aguamarina de lo profundo del azul del mar, reluciendo a la luz del sol. El color azul de ultramar significa cómo Padma Sambhava ha encarnado la luz del Arcángel Miguel, los Manús, los Legisladores y el poder de este potente primer rayo y la cruz azul que hoy tiene importancia.

¡Oh amados, lo que es vivir en el corazón de Padma Sambhava!

Que lo podáis conocer al estudiar la vida del Nacido del Loto. Que podáis comprender qué instructor y sanador, consejero y amigo es este Buda que patrocina el manto del Gurú, el Gurú de la Mensajera, que es la Gurú Madre y, por tanto, afectuosamente, la Gurú Ma.[13]

La hora de la autotrascendencia

Por tanto, amados corazones, entrad en el mundo de uno de los Budas más grandes, que a su vez está unido al corazón de Gautama. Este Padma, este Lanello, este El Morya, este Kuthumi —tantos amados Maestros que os han llevado— ahora desean llevaros a subir más por la montaña. Benditos, en verdad la transfiguración debe llegar. El aire más enrarecido exige aún menos comida que los cuerpos del valle. El aliento debe medirse; por tanto, los cuerpos deben ser delgados y los corazones fuertes. Es un momento para la autotrascendencia en la geometría de toda la actividad.

Este es, amados, un momento en el que de verdad podéis subir por la vara de la espiral de fuego y la columna vertebral interior de vuestro ser. Esta columna la podéis visualizar como un cilindro que se extiende desde el corazón de la Tierra hasta el corazón del Sol Central. El ser es un continuo, comienzos y finales interminables. El pasado es futuro y el futuro ya ha sido.

Que las estrellas se alegren de que la Gran Hermandad Blanca haya plantado los pies con firmeza en la Tierra como las profundas raíces de los árboles más altos. Los pinos se mueven con los vientos de la noche y se oye una sinfonía, amados. Sin embargo, en otras zonas del mundo, como sabéis, existe la guerra y la lucha, el caos y las atrocidades de todo tipo. Comprendamos que de verdad tenemos un sitio y un plano en el Rancho Royal Teton que se une a la octava etérica.

Amados, todo es posible. No eliminéis el pensamiento que

quiere llegar al cielo e invoca a los propios maestros, ya sea para que se aparezcan ante los seres de la Tierra, ya sea para que vuelvan a encarnar como hizo Juan el Bautista. Amados, realmente depende de vosotros, el individuo.

La pureza del plan

Soy la instructora de la Ley del Uno desde el Templo de la Libertad de la Atlántida. Y os sello en mi corazón con un pensamiento simple y profundo: lo que llegue a ser esta actividad, este plan divino, este Lugar Preparado, todo ello depende de vosotros personalmente, de vosotros individualmente; tú, que me escuchas ahora. Oh amadísima alma, elévate hacia tu llamamiento más elevado. Luego intenta alcanzar la estrella de tu Presencia y no aceptes nada menos que la pureza del plan.

Marchaos si tenéis dudas, porque el plan de subir por la montaña que habéis hecho a un lado os seguirá si es el plan divino. Por tanto, no podéis perderlo. No podéis perder la perla de gran precio; regresará. Pero cuando regrese de acuerdo con su ciclo, vosotros tendréis la llama trina del Cristo, Maitreya, vosotros. Cuando regrese tendréis la maestría de amarlo, de conservarlo, de retenerlo, de atesorarlo, de obedecerlo, de servirlo, de llegar a serlo.

Yo guardo la llama del Buda en la línea tres del país. Espero la llegada de la Mensajera y su paso más allá del mar hacia los míos.

Guardad la llama del Retiro Interno

Vayamos a la montaña de la casa del Señor

Acontecerá en lo postrero de los tiempos, que será confirmado el monte de la casa del SEÑOR como cabeza de los montes, y será exaltado sobre los collados, y correrán a él todas las naciones.

Y vendrán muchos pueblos, y dirán: Venid, y subamos al monte del SEÑOR, a la casa del Dios de Jacob; y nos enseñará sus caminos, y caminaremos por sus sendas. Porque de Sion saldrá la ley, y de Jerusalén la palabra del SEÑOR.

Y juzgará entre las naciones, y reprenderá a muchos pueblos; y volverán sus espadas en rejas de arado, y sus lanzas en hoces; no alzará espada nación contra nación, ni se adiestrarán más para la guerra.

Venid, oh casa de Jacob, y caminaremos a la luz del SEÑOR.

Isaías 2

Que las puertas del Gran Director Divino se abran de par en par. Que todas las puertas de este lugar [el Retiro Interno] se abran para quienes desean iniciarse. Que los bodhisatvas que protegen al Buda las cierren a quienes se mofan y pronuncian ofensas contra el sendero.

Por tanto, proteged el santuario y proteged el lugar, porque es santo. Y el Sanctasanctórum no debe profanarse, para que la luz en la Tierra no se apague y la oportunidad no se extinga como cuando se apaga una vela.

Os pido, en el nombre de millones de años de historia que hemos conocido juntos, que guardéis la llama de este Retiro Interno. Protegedlo como la ciudadela de toda esperanza, pura esperanza, la única esperanza, la perfecta esperanza y la más dulce esperanza para todos los que lloran, todos los que sufren, todos los que despiertan un día y dejan su cama, su casa, todo, marchan, no miran atrás y dicen: «Iré a encontrar el corazón de la Libertad. Encontraré el corazón de Padma. Encontraré el corazón de los portadores de luz de la Tierra. YO SOY un peregrino del Sol. Encontraré el Sol, sí. Conquistaré. Sabré quién YO SOY. Seré quien YO SOY».

Existen personas así de incondicionales, y cuando los ciclos cambien, ellas serán como serpentinas desde todos los puntos de la Tierra: caminando, en bicicleta, nadando, volando, llegando al Lugar de los Grandes Encuentros.

En mi nombre, en el nombre de la Libertad que debe guardar la llama y proteger la entrada en Nueva York, os digo de manera personal, estad aquí, en el Retiro Interno. Recibid a los míos, yo los enviaré. Y no habrá ninguna otra oportunidad para que los recibáis.

En la alegría del corazón de Lanello, me marcho. Pero le dejo mi antorcha a la Madre para vosotros. Mi antorcha, como una Presencia Electrónica, por tanto, está aquí y estará aquí y estará allá donde los chelas pongan un foco de mi estatua, indicando así su deseo de sostenerla en alto hasta que la misión de la Madre del Mundo esté terminada y todos los que estén llamados en esta dispensación al fin hayan vuelto al hogar.

Ángeles de la llama de la Libertad, ángeles de la llama trina, proteged el santuario del obelisco.* Proteged los santuarios que guardan el camino de los Estados Unidos y de la libertad en todas las naciones. Proteged el santuario del Buda y Maitreya. Proteged la luz, oh amados.

10 de agosto de 1985
Deer Park Chapel
Rancho Royal Teton
Park County (Montana)

*En London (Nueva York) y la ciudad de Washington.

CAPÍTULO 2

La Diosa de la Libertad

Los Guardianes de la Llama de la Libertad

¡Oh, América*, cómo te amo! ¡Oh, América, Espíritu vivo de la Libertad de la Estrella Divina!

Oh, Luz de Sirio, enciende ahora los corazones de este pueblo. Porque en efecto, ha llegado la hora de su iniciación por la Luz† de Sirio. Así sea, pues, que el gobierno Divino para la Tierra –que está patrocinado por Sanat Kumara, que las naciones lo rechazan, al que se adhiere Saint Germain y que es recibido por el pueblo de los Estados Unidos– vuelva ahora a sus principios originales y fundadores.

Amados de la luz, la Constitución de los Estados Unidos es un pacto entre la Poderosa Presencia YO SOY y el pueblo que debe depender de la mediación de los hijos de Dios que representan al pueblo porque han elegido el sendero de la *flor de lis.*

¡En el corazón de vuestra llama trina, os saludo, hijos e hijas de la Libertad de todas las naciones que tenéis en vuestros

*Léase Estados Unidos. (N. del T.)

†Conciencia del Cristo Cósmico.

miembros el verdadero Espíritu de América! (Os invito a que os sentéis para escuchar mi disertación de hoy).

«América» es el nombre de un cuerpo de portadores de luz

Primero quisiera deciros que «América» no es el nombre de un país, sino que es el nombre de un cuerpo de portadores de luz cuyos emisarios, enviados por Dios hace mucho tiempo, decidieron establecer esta tierra como aquel lugar donde Sanat Kumara pudiera disfrutar de una relación con los suyos, decretada por su venida, al establecer y conservar la razón de ser de esta tierra.

Por tanto, amados, todos los que forman parte de este cuerpo y esta compañía del SEÑOR Sanat Kumara se llaman América, encarnan el espíritu de América y, por tanto, se pueden llamar a sí mismos en el sentido espiritual «americanos». Esta es una palabra muy antigua que surgió por circunstancias que conocéis a través de aquel llamado Américo Vespucio. ¡Amados, le dieron a un simple cartógrafo un nombre que guarda relación con Sirio, y, por tanto, el nombre de la Raza YO SOY está inscrito en código en esta palabra!

Por tanto, cuando me dirijo a vosotros —«¡Oh América, cómo te amo!»— estoy hablándole a todos los portadores de luz de la Tierra que han venido a este planeta bajo la dirección de Sanat Kumara con el voto del Espíritu Santo de conservar y sostener el hilo de contacto con los Santos Kumaras, de vivir la vida como discípulos de esa Palabra y esa Ley, de inscribir los pactos de una ley espiritual, protegiendo así a todos los que están encarnados y reservando para ellos esos derechos inalienables, amados, que se derivan de la poderosa Presencia YO SOY.

Los derechos divinos deben ejercerse

Por tanto, estos son derechos divinos que deben ejercerse primero por los estadounidenses. Que ejerzan el derecho de la llama trina y la autoridad de la Palabra viva y la poderosa Presencia YO SOY. Y que la Constitución y su interpretación reflejada en las leyes de la nación y los estados sea asegurada e interpretada a fin de defender el derecho divino del individuo en el ejercicio de los siete chakras a través de las cuatro libertades sagradas, a través del derecho a la propiedad privada y a través del derecho a la relación maestro-discípulo.

Por tanto, a los jueces del Tribunal Supremo y a los tribunales supremos de los estados les falta esta plomada de la Verdad y este estándar que dice que el derecho divino, y no solo el humano, debe conservarse en la ley y en los tribunales. Por tanto, vosotros debéis saber cuáles son los derechos divinos de cada persona con el fin de poder descubrir si las leyes humanas y el veredicto judicial violan o no esos derechos divinos.

Por consiguiente, después de mi discurso empezad de inmediato a enumerar esos derechos que consideréis inalienables por provenir de vuestra divinidad. Este es el significado del derecho divino, que *vosotros* sois divinos y que, siendo la emanación de luz del Ser Divino, tenéis derecho a ser ese ser en la tierra como en el cielo. Esta es la base de la ley y el gobierno de este país. ¡Y a la recuperación de este principio fundador mediante la Luz de la Estrella Divina Sirio es a lo que dirijo vuestra atención hoy, amados!

¿Comprendéis? [«¡Sí!»]

Ahora, por consiguiente, al realizar las vigilias de oración por las leyes y los legisladores, por los tribunales y los sistemas de justicia, hará falta un repaso muy detallado de aquello que se ha hecho: error cometido con respecto a la Constitución original, error de interpretación basado en la defensa de los derechos humanos a expensas del derecho divino de alguien de practicar un sendero de iniciación, de hacerse responsable de su karma, de «ocuparse de su salvación» ante Dios y con Dios, «con temor y temblor»[1] ante ese SEÑOR y ese Ser.

Una iniciación del corazón y de la llama trina

Dios no está muy lejos de ningún *americano;* y recordad, el término está definido como «los portadores de luz de Sanat Kumara». Estos, por excelencia, pueden ser quienes lleven este estandarte en todos los países. Por tanto, quienes se hacen americanos lo hacen por la iniciación de la Diosa de la Libertad, cuyo cargo yo ocupo, cuyo ser YO SOY.

Por tanto, esta es una iniciación del corazón y de la llama trina. Y quienes hacen el sagrado compromiso de ser ciudadanos de los Estados Unidos, reciben un ímpetu de mi llama trina que es una acción para equilibrar y alinear su llama trina. Ahí pongo la flor de lis de mi ser como un arquetipo electrónico o matriz, si queréis. Y, por tanto, es como un timón, una fuerza estabilizadora que mantiene a la persona recreando y elevando esos tres penachos en equilibrio. Y, por tanto, trabajo muy de cerca con el amado Gautama, Señor del Mundo.

La iniciación del corazón que doy hay que obtenerla por méritos y hay que ganársela. Por tanto, al dar el arquetipo etérico, desde el día de la ciudadanía en adelante, amados, hay que demostrar, hay que trabajar, hay que tener un conocimiento de la Palabra.

Por tanto, yo sostengo el Libro de la Ley[2] que representa no solo la Constitución, sino el documento divino que cita los derechos divinos de los hijos de Dios de este hogar planetario. Y a vosotros corresponde destilar de mi corazón, a través de vuestro Ser Crístico, cuáles son esos derechos divinos de modo que lleguéis a entender que cada renglón de la Constitución refleja un derecho divino interior que se ha hecho aplicable a la escena humana kármica, al construir una nación y al afrontar la economía y el ajuste de viejas cuentas con los caídos.

El voto de los iniciados de la Diosa de la Libertad

Por consiguiente, amados, quienes se hacen estadounidenses deben demostrar su capacidad de ser Guardianes de la Llama de la Libertad. Por tanto, comprended cómo es que el que ocupa el cargo secular más alto de este país, el presidente de los Estados Unidos, afirmó a todo el pueblo de este país el voto de quienes reciben la iniciación de mí: «Somos los Guardianes de la Llama de la Libertad».[3] Amados, de no haberse pronunciado esas palabras en vuestro nombre, os digo que la iniciación que se dio a este país no se habría producido. [aplauso de 26 segundos]

¿Lo habéis oído decir en otro país? [«¡No!»]

¡Amados corazones, el término «Guardián de la Llama» se ha hecho camino hasta el Despacho Oval! [aplauso de 19 segundos]

El manto de presidente de los Estados Unidos

Comprended, pues, que el presidente ha comprometido a un pueblo tan grande a este llamamiento habiéndole elegido la gente dos veces por mayoría abrumadora.

Comprended, amados, que pocos funcionarios son perfectos, pero el manto del cargo que viene de la Gran Hermandad Blanca sí es perfecto. Por consiguiente, respetad el manto del cargo de presidente de los Estados Unidos, que desde la unción de George Washington ha sido un manto en la jerarquía de la Hermandad.

Ha habido ocupantes del cargo que apenas han entendido el manto. Algunos lo han traicionado, otros se han dirigido contra la Luz* de la Presencia YO SOY. Pero debido a que el manto estuvo presente, como algunos han observado, ¡el país ha sobrevivido a sus presidentes! [aplauso de 12 segundos]

Comprended, pues, que, aunque vuestro presidente tenga un corazón bien dispuesto, hay circunstancias y personas e incluso su propio karma que pueden evitar que se utilice el manto del mejor

*Conciencia Crística.

modo y que se lo use para una defensa más fuerte de la libertad. Os digo que recéis para que el ocupante del cargo se alinee con el manto. Y ofreced oraciones por todos los representantes electos y los no electos para que el manto de Cristo descienda.

Tanto si utilizan ese manto para dividir las aguas y proclamar la verdad de la profecía del Señor como si el manto se convierte en un juicio sobre sus actos traidores contra este país, allá ellos. El manto en sí mismo realizará su trabajo cuando vosotros los invoquéis. Puesto que el ser portadores de la luz y del manto del Cristo es una cualificación de los representantes del pueblo de este país, podéis invocarlo. Y, por consiguiente, podéis utilizar el Llamado a Juicio[4] para exigir el juicio a aquellas personas que han traicionado el cargo de Mediador, cargo que es esencial en la interpretación y ejecución de la Constitución.

La luz de la Madre Divina ha venido

Comprended, pues, que en estos momentos en los que estoy de pie y habiéndome aparecido al pueblo de los Estados Unidos al nivel del alma, tiene lugar esta iniciación y este refuerzo: que el llamado del Señor es que los que representan al pueblo, ya sea en un cargo público, en la industria privada, la educación o la sociedad, deben obligarse a mantener el estándar del Cristo Cósmico. Deben ser obligados por los portadores de luz del país que forman la insignia de los iluminados, y estos lo deben hacer con los llamados al Todopoderoso, a nosotros, el cuerpo de los Señores del Karma, a vuestro Ser Crístico y a toda la jerarquía.

La iniciación, pues, es una elevación del obstáculo. Hoy es más alto de lo que lo era el 3 de julio, amados. ¡La gente se ha unido! Ha venido a mi corazón y al corazón de la Madre. Me ha visto. Me ha conocido. Ha conocido mi llama. Y el amor mutuo ha abundado hoy, cuando he mantenido mi presencia con una gran intensidad por todo el país. Y cuando han disparado los fuegos artificiales,[5] amados, yo he emitido simultáneamente el fuego de mi cuerpo causal, ¡que fue invocado y exigido y, por consiguiente, entregado al corazón de todos los ciudadanos de este país! [ovación de pie de 56 segundos]

Comprended, amados, el motivo de su aplauso, su alegría y su celebración por la emisión de esta luz. Esto fue el conocimiento certero que di a todos y a cada uno, independientemente de su estación o de su lugar en el Sendero, y que en verdad en esta hora la luz del Cristo Cósmico, la luz de la Madre Divina, ha venido. Y aquello por lo que la gente ha rezado, que es el intercesor, la liberación de este país ante las situaciones del mundo, ha recibido respuesta por parte de Dios Todopoderoso en mi persona, amados, porque de todos los Maestros Ascendidos yo soy la única sobre la que todo el mundo de este país puede estar de acuerdo y a quien puede dar su lealtad. ¿No es esto un milagro, amados?

[«¡Sí!» aplauso de 36 segundos]

No ha habido una sola fuerza unificadora más grande en todo el siglo, desde que pusieron mi imagen en la bahía de Nueva York. Pero en el día y la fecha del centenario, la plenitud del tiempo había llegado. ¡Y un pueblo ha exclamado pidiendo a la Madre Divina y, por tanto, la Madre Divina está con su pueblo hoy y continuará estándolo, amados! [aplauso de 32 segundos]

El odio a los Estados Unidos debe desaparecer

Os parecerán interesantes los comentarios de la prensa extranjera acerca de esta celebración magnánima y extravagante; las mismas quejas, amados, que le pusieron a Jesús cuando le trajeron el valioso aceite de nardo. E incluso algunos discípulos se quejaron: «¿Por qué no se vendió y se dio el dinero a los pobres?».[6]

Y, por tanto, hablaron de la extravagancia de los estadounidenses: «Los estadounidenses siempre hacen las cosas demasiado a lo grande»; y «en realidad la celebración no era por la libertad, sino un negocio y una empresa», porque muchísima gente ha abierto sus comercios, sus casetas y sus puestos para vender sus mercancías. Y finalmente el comentario, por parte de alguien que debería haber sido más inteligente, diciendo que la cosa «simplemente era demasiado»; «es como si los Estados Unidos hubieran descubierto de repente la Estatua de la Libertad, cuando siempre ha estado ahí».

Amados, en estos comentarios, desde Francia a Irlanda pasando por la mismísima *Pravda,* observaréis la envidia de esos países oculta en las críticas a la vida abundante de la Madre Divina y el Cristo Cósmico, entregada a este país a través nuestro corazón y una lectura totalmente equivocada del espíritu de la libre empresa. No han leído la vibración del espíritu de los Estados Unidos; y, por tanto, siguen condenando. Como han condenado a la progenie de Efraín y Manasés, la progenie de José, cuatro mil años y más, los celosos hermanos, por tanto, señalan con el dedo y no entran en la alegría de los Estados Unidos.

Por consiguiente, algunos de estos países europeos también han criticado a la Mensajera y su llegada por los mismos motivos: el abundante impulso acumulado de alegría, espíritu, energía y vida. Así, se sientan en la silla del juicio, amados, escarneciendo,[7] no sabiendo que juzgan al hijo preferido. El hijo preferido no es Estados Unidos. El hijo preferido es el Cristo vivo, el Hijo de Dios, el unigénito Hijo de Dios, lleno de gracia y verdad, que está personificado en vuestro Santo Ser Crístico. Y los que elevan a ese Hijo de Luz y se convierten en ese Hijo, por tanto, se han unido al único hijo de Dios preferido.

Y los que no lo hacen, por su rebelión y amargura, están fuera del muro del tubo de luz de los Estados Unidos y su pueblo, y no invocan el suyo. Solo pueden señalar y decir esas tonterías. ¡Deseo que entendáis que ese espíritu de odio a los Estados Unidos, a la Gran Hermandad Blanca y a su Mensajera y su enseñanza por todas partes del mundo debe desaparecer! Debe consumirse antes de que llegue a esta orilla e intimide a este pueblo y sus líderes para que comprometan las cosas de alguna forma y al hacerlo, por adaptarse, ¡comprometan los derechos inalienables de este pueblo a practicar la relación gurú-chela según ese documento divino!

[aplauso de 15 segundos]

Cuidado con los falsos profetas

Os digo que deberíais tomar nota de los conceptos equivocados que tienen los presidentes de Francia y los Estados Unidos en estos momentos, creyendo que el presidente de la Unión Soviética y el representante en jefe del Partido Comunista desean ahora más que nunca negociar un acuerdo armamentístico y que buscan la paz. Es cierto, amados, que lo desean. Pero su deseo siempre quiere, como siempre ha querido, ganar tiempo y cobrar ventaja para la toma final de este país, así como de Francia, corazón de la llama de la Libertad.

Desean la luz, amados. Nunca la tendrán mediante el sendero de iniciación. Por tanto, comprended que deben tomarla mediante la sutileza, mediante la desinformación, mediante la dictadura, un régimen totalitario y el control de su pueblo, escupiendo mentiras sobre Occidente y los Estados Unidos continuamente desde sus órganos de información.

Amados, cuidado. Cuidado, pues, con los falsos profetas de la actualidad como en la época de Jeremías, que profetizó la paz y por consiguiente, no enseñó la amenaza proveniente de los caldeos.[8] Amados corazones, su intención nunca ha cambiado desde la Revolución bolchevique y desde que hicieron su pacto, cuando fueron echados del cielo por el Arcángel Miguel.[9] Los caídos, en este y en todos los países, están decididos a destruir este bastión de libertad, esta nación bajo Dios, con un propósito: destruir la ciudadela que protege esta relación gurú-chela.

Por tanto, llegad a comprender que esta es la hora para rezar para que la verdad y la mentira se muestren acerca de cuál es la motivación que tienen los soviéticos, especialmente si consideramos la visita del presidente Mitterrand a Moscú.[10] Comprended, amados, que los soviéticos utilizan cualquier fuerza de manipulación psíquica y mental en sus intercambios con los representantes occidentales.

Estados Unidos debe llegar a ser una nación de Luz

Debéis comprender la naturaleza mortífera de quienes se han atrincherado en este sistema. Debéis daros cuenta de que en estos momentos los Estados Unidos deben llegar a ser totalmente una nación de Luz,* protegida por la luz, haciendo que sus leyes estén en conformidad con las de Dios para que estas leyes que van contra la ley divina, apoyadas por el pueblo y los tribunales, no se conviertan, por tanto, en instrumentos del pesado karma que el país ya tiene sobre sí.

Me refiero a las leyes liberales del aborto y la ausencia de oración en las escuelas. Me refiero a las leyes liberales sobre la pornografía como profanación de la mujer y la Mujer vestida del Sol, cuya representante YO SOY.

Sed diligentes, pues, y vigilad. Y procurad que los que tienen la insignia, la bandera y el estandarte del Cristo Cósmico —vosotros— estudien las leyes y los veredictos dictados por los tribunales supremos y los tribunales de los estados y hagan los llamados y vigilias de oración vespertinas para corregir el eje de la ley y el gobierno en los Estados Unidos.

El día de la rendición de cuentas ha llegado

Por tanto, amados, la luz enviada desde mi cuerpo causal es la luz iniciática que exige que todos los representantes del

*“Crística”, “ungida”.

pueblo, públicos y privados, representen de verdad al Cristo o de lo contrario sean juzgados por ese Cristo. Ya nadie se escapará a la irresponsabilidad del trato a cualquier parte de la vida, empezando con sus propios hijos y después con sus vecinos, con sus tenderos, con sus negocios y con sus clientes.

Amados, que todos sepan que el día de la rendición de cuentas ha llegado. Y cuando tenéis contacto con la gente, tenéis la responsabilidad con respecto a vuestro manto de Cristeidad de relacionaros con justicia, sinceridad, honestidad, en armonía y de hacer de la Regla de Oro una parte sensata de vuestra vida y un compromiso.

Recordad, pues, el cuidado en la ejecución de vuestro cargo de responsabilidad hacia la vida. No seáis traidores del cargo de Chela: chela de El Morya, Saint Germain y chelas de la Diosa de la Libertad. Cuando traicionáis vuestro cargo, decepcionáis a todo un país y el potencial de que otros que lleguen aquí y se hagan ciudadanos sigan vuestro ejemplo.

Os diré, pues, que el cargo que hoy tenéis y que se convierte tanto en un manto como en un juez por ser la Palabra presente en vosotros, es el cargo de Profeta e Instructor; es el cargo de Sanador; es el cargo de Guardián de la Llama de la Libertad.

Elevad al Cristo

Debéis relacionaros de manera justa y rápida con aquellos que acudan a vosotros, porque sois la persona responsable. Cuando eleváis al Cristo y hay pequeños que dependen de vosotros, o estudiantes nuevos, o gente de vuestra comunidad que sufre algún tipo de opresión debido a la burocracia o alguna otra cosa, esa elevación del Cristo en sí misma transmite responsabilidad. No podéis elevar al Cristo simplemente para vuestra satisfacción, protección o iluminación personal. Cuando eleváis la luz, la luz es el rey, la luz es el sacerdote para Dios, la luz es el pastor.

Comprended el significado de esa luz verdadera. No podéis decretar el decreto de la Palabra sin responsabilidad. Cuando se invoca la luz, debéis ser siervos de la gente. No deis la espalda y no seáis como el rey de Judá, que no hizo caso de la palabra del profeta porque le preocupaba cómo lo trataran los hebreos, ya en exilio, o lo que los príncipes dijeran de él y lo que le hicieran si escuchaban la Palabra de la poderosa Presencia YO SOY.[11]

Su talón de Aquiles era su orgullo personal y el temor que sentía hacia el poder de ellos, aparentemente mayor. ¡Y ese poder aparentemente mayor, amados, es el temor al poder de los ángeles caídos, del que debéis deshaceros hoy! Y os desharéis de ese temor sabiendo de una vez por todas que el Arcángel Miguel está a vuestro lado y responde a vuestro llamado y lo hace de la mejor manera cuando mantenéis un impulso acumulado diario, que es una espiral de fuego azul alrededor de vosotros, de modo que el llamado instantáneo pidiendo ayuda pueda recibir respuesta de inmediato debido a que tenéis un impulso acumulado. Es una verdadera espiral azul llameante a vuestro alrededor, desde debajo de vuestros pies hasta vuestra Presencia YO SOY en lo más alto, coincidiendo con vuestro tubo de luz.

¡Dad la autoridad a la Palabra!

Cuando esta circunstancia se da, el simple llamado: «¡San Miguel delante, San Miguel detrás, San Miguel a la derecha, San Miguel a la izquierda, San Miguel arriba, San Miguel abajo, San Miguel, San Miguel, dondequiera que voy!», pone sobre vosotros la Presencia Electrónica del Arcángel Miguel [terminando con: «¡YO SOY su Amor protegiendo aquí!» (3x)].

¡Pronunciad la Palabra con autoridad! *Atreveos* a hacer los decretos con regularidad y a progresar de una forma real y duradera. *Atreveos* a ser el instrumento de nuestra Palabra y sabed que hoy debéis ser responsables de esta enseñanza que habéis conocido durante muchos años y eones, de otro modo rendid cuentas al final por el fracaso y el descuido de no utilizarla y de no hacer uso de vuestro manto.

Os aviso, sois los primeros frutos de esta dispensación. Ahora muchos vendrán a ver lo que habéis hecho. Y cuando ellos se pongan a hacerlo con más fervor, os juzgarán por vuestro descuido y por haber sido permisivos con vosotros mismos. Ha llegado la hora en la que los que no ejerzan ese manto y esa llama de la Libertad verán cómo pasa a otra generación de portadores de luz. Vosotros sois los llamados y, por tanto, estáis en disposición de ser los que transmitan esta información y este conocimiento a este país.

La dispensación de diez años de Gautama Buda

Apresuraos, pues, porque deseo hablaros del dictado de Gautama Buda, Wésak de 1977. En aquella ocasión el Señor del Mundo dio una dispensación de diez años para salvar al planeta. Y dijo que, si se le daba la vuelta a la oscuridad al final de la dispensación de diez años, él no podía prometer o comprometerse con que se pueda hacer nada más.[12]

Os hablo, pues, porque tenéis menos de doce meses para aprovecharos por completo de esta dispensación. Y os digo que la fecha del 1 de enero de 1987 es una fecha[13] calculada en comparación con esa dispensación y considerando esa dispensación.

Por tanto, en estos momentos vemos ciertas necesidades que tiene esta congregación de los justos para moverse juntos como mi corazón, cabeza y mano a fin de asegurarse de que la organización y el detalle de este paso y la fundación de nuestra base en el Rancho Royal Teton se lleve a cabo con la rapidez del Dios Mercurio y el poder de Hércules y toda la vida elemental que os ayudará.[14]

Os insto y os llamo. Si me hicierais el favor más grande que necesito, deberíais saber que consiste en establecer esta base allá, pronto y en orden divino. Pues debo enviaros en grupos por los

Estados Unidos para dar esta palabra y este mensaje. Esto es importante, pues la palabra hablada y dada antes de Wésak de 1987 aún conservará la dispensación de Gautama. Y después, amados, a no ser que llegue una dispensación nueva y que sea merecida, veréis que será más difícil ir de gira por los países.

Desarrollad un plan de expansión a las naciones

Por consiguiente, el lunes después de esta conferencia, se reunirán quienes deseen ser siervos ministrantes y quienes deseen ir de gira.[15] Y confío en que nuestro comité que trabaja en este ámbito esté totalmente preparado para dar a estas personas sinceras un plan que pueda implementarse.

Entonces, amados, con el establecimiento de nuestra base en Montana, os enviaremos y os volveremos a enviar con el ritual del Átomo, con ese potente llamado, formando, pues, los pétalos de la margarita según vayáis desde el Sol Central del Reloj Cósmico a todas y cada una de las líneas y volváis para recargaros en el centro a fin de volver a salir. Por tanto, se tejerán las margaritas y aparecerán las guirnaldas. Y la virgen María engalanará a la Tierra con guirnaldas de margaritas de luz que vosotros haréis desde la necesidad de comprender que debéis ir al Corazón del Retiro Interno para recargaros, reconsagraros y realinearos para volver a salir y llevar esa luz al mundo.[16]

Por tanto, ese es nuestro llamado. Y este, por tanto, es nuestro acuerdo. Debido a la llegada de esa fecha, amados, comprended que he recibido este medio, este otorgamiento de poder y esta entrega de la iniciación desde el Gran Sol Central para esta gente en esta hora. [aplauso de 28 segundos]

Pedid una doble porción de mi Espíritu

Y ahora, vosotros, siguiendo los pasos de Eliseo, mirándome como si yo fuera Elías, si me veis como YO SOY, si me conocéis como YO SOY, si presentáis el cáliz que soy yo como YO SOY, recibiréis como respuesta a vuestro llamado una doble porción de mi Espíritu.[17] Porque haréis la gran obra de preparar el camino para este evento.

Por tanto, amados, podéis incluir en estos momentos y al escribir las cartas al Consejo Kármico esta petición, y también declarar vuestra capacidad y determinación, y prometer ser responsables de esa doble porción. ¡Os doy, pues, la oportunidad de poneros de pie de un salto y pedir la doble poción de mi Espíritu ahora!

[Se exclaman los llamados personales].

¡Por consiguiente, escuchad el clamor del profeta en el país! Y escuchad la palabra de la Mensajera que va delante de mi rostro. Sabed que la Palabra que digo y que habéis escuchado es verdad y que debéis escuchar la profecía de Jeremías y considerarla como una lección sobre el sentido de la medida acerca de las decisiones que estáis obligados a tomar en estos momentos. Porque la hora del 4 de julio de 1986 es una hora que, entonces y desde ese momento, obligará a cada americano de la Tierra a tomar la decisión de salvar este hogar planetario de más usurpaciones por parte de los caídos a través de sistemas malvados, cánceres que invaden Oriente y Occidente.

Hágase, oh, SEÑOR. Que quienes me han llamado reciban esta doble porción de mi Espíritu en esta hora. Que las vidas y los casos de aquellos cuyos llamados deben someterse a nuestro consejo para una deliberación sean repasados, de modo que podamos actuar con rapidez para responder allá donde corresponda y donde haya confianza.

Rezad para que el presidente tome la acción correcta

Ahora pues, amados, deseo hablar ante esta gente de aquellos temas que están en juego en los Estados Unidos y que necesitan la acción del presidente y del Congreso, de las legislaturas de los estados. Necesito que redactéis una lista de lo que debería ser diligentemente la acción correcta mediante el ejercicio del poder del cargo de presidente de los Estados Unidos: lo que no se ha hecho como pecado de omisión, lo que sí se ha hecho de forma incorrecta como pecado de comisión y todo lo que se ha hecho de acuerdo con la mente de Dios.

Entonces, amados, repasad estos actos y decisiones asignándoles una recomendación de «conocimiento/acción» y rezad por ello en las vigilias de oración vespertinas. Y que el escrito del análisis de los eventos actuales y asuntos de Estado sea para realinear a este pueblo con la verdadera flor de lis de mi corazón, la verdadera voluntad de Dios, la verdadera sabiduría de Dios, el verdadero amor de Dios.

Amados, ellos aman mucho. Se regocijan mucho. Tienen mucho fervor por la libertad. Pero han perdidos sus derechos debido a su ignorancia y en algunos casos por la educación tan horrible que han recibido, que es la educación de la élite de poder a fin de mantener a los portadores de luz esclavos de su ignorancia acerca de la Palabra viva, su lugar en la historia y su identidad en Dios. Y me refiero tanto a la educación secular como a la religiosa, que no prepara a los niños y a los jóvenes para esta imponente responsabilidad de ser el Guardián de la Llama de la Libertad.

Consagrad las horas vespertinas a vigilias de oración

Amados, cuando se hicieron los llamados con fervor y la debida atención durante el juicio, se creó una gran reserva; y la acción de estos llamados y la reserva de la voluntad de Dios creada dio a El Morya la capacidad de actuar con decisión por el propósito cósmico en la transferencia de esta propiedad y para que os mudarais allá, a ese terreno más elevado.[18]

Comprended que, considerando el discurso que os dio Saint Germain[19] y el conocimiento que tenéis de todo lo que os he dicho, es necesario que las horas vespertinas, que son las horas de amor divino,[20] se consagren a realizar vigilias de oración para esas situaciones que ya se han descrito, y especialmente en lo referente a la dispensación de mi cuerpo causal.

Si ponéis atención a esto, amados, yo intentare conseguir una dispensación de los Señores del Karma, que vosotros también podéis solicitar, según la cual se unan a vosotros más compañeros de trabajo para aligerar la carga, dividir el trabajo entre más gente y para que seáis llevados a mi retiro, el retiro del Sol, para estudiar y conocer las lecciones de la ley del amor que de otro modo podríais obtener mediante el estudio vespertino. Quienes dediquen sus tardes a ese trabajo de decretos no solo tendrán el buen karma de salvar a este país y a todos los portadores de luz de todos los países, amados, sino que también tendrán un aumento de iluminación del chakra de la coronilla y la sede del alma.

Mirad la realidad
Mirad lo que se le avecina a la Tierra

¡Almas de luz, os intimo a que miréis la realidad, a que salgáis de vuestro cascarón en el que no queréis ver las señales de los tiempos! Os intimo ahora, como la gallina golpea el huevo para ayudar al polluelo a salir. Así, amados, vengo y digo: *¡Debéis mirar aquello que se le avecina a la Tierra!* Debéis mirarme directamente a los ojos y a los ojos de Gautama Buda y a los de vuestros queridísimos hijos. Debéis *mirar* y no descuidar la Ley que garantiza que vuestra vida y vuestras acciones tengan consecuencias definitivas.

Soy miembro del Consejo Kármico y su portavoz. Por tanto, os hablo del karma de la llama trina de la Libertad. Llevarla significa ser responsables ante Dios Todopoderoso.

Os encomiendo a que guardéis la poderosa llama trina del SEÑOR Dios y vuestro Cristo. Mi amor no os fallará. Y creo que vuestro amor no le fallará a esta Iglesia, a este país o a esta Tierra.

Hoy he dicho lo mismo ante el Consejo Cósmico y ante ese tribunal cósmico. Lo he dicho ante los Señores del Karma. He dado mi palabra de que creo en vosotros, amados, y me mantengo en ello. ¡Y ahora os encomiendo a guardar el Espíritu de la Libertad y el Espíritu de América!

[ovación de 54 segundos]

5 de julio de 1986
Cámelot
Condado de Los Ángeles (California)

CAPÍTULO 3

La Virgen María

El misterio de una iniciación en la cámara secreta del corazón

Las vírgenes de Dios van de procesión, amados, hacia la cámara secreta del corazón. Se adentran, vírgenes prudentes, con siete lámparas arregladas y con la octava también, pues han estudiado con los jerarcas de los siete rayos y con el Maha Chohán.

Te recibo, oh alma de luz, toda alma que sea la novia de Cristo. Pues también deseo instruirte en la cámara secreta del corazón. Mi instrucción, amados, es acerca de la gracia de la vida abundante. Este es el chakra del octavo rayo del Buda y la Madre. Este es el poderoso flujo en forma de ocho, iniciado al comienzo de esta década.

Ahora os encontráis en la era en la que se completan los siete rayos. Ahora, en este año, también os estáis acercando a la entrada en la intensidad de la iniciación de 1988.

Benditos, recordad los rayos secretos y comprended que en esta cámara secreta del corazón —la antecámara, amados, donde la llama trina está sellada—, este es el lugar de los rayos secretos del Poderoso Cosmos. Este es el lugar del Buda. Bendita, cuando entras en mi corazón, el corazón de la arcangelina, la cámara es enorme, suficiente para una cantidad innumerable de novias.

Benditos, ahora sentís que estáis en el calor de una mantilla de rayo secreto. Es como cabello de ángel. Y consta de una esfera, una pared interior, si queréis, que os aísla de verdad, siendo también esta pared de separación el intervalo que hay entre los siete rayos y los cinco rayos secretos. El intervalo es el nexo, amados.

Por tanto, vengo a invitaros a que entréis en el sendero de las novias de Cristo. Porque solo en la cámara secreta existe la seguridad cuando la confusión exterior prevalece en los siete cuerpos de la Tierra, en las siete capas que hay incluso por encima de la Tierra.

La cueva de luz

Por tanto, fijaos en que mi cámara secreta también es una cámara secreta en la gran pirámide, una cámara secreta en la montaña de Dios. En todas las épocas, los iniciados en procesión hacia el lugar interior preparado ha sido indicación de que ha llegado la hora en que, para el individuo e incluso para la civilización, se produce la gran inhalación; no la que atrae hacia sí a todo el cosmos, sino el atraer, amados, los siete rayos de logro para que estos puedan condensarse en el cristal que se forma en este castillo interior.

Benditos, el momento llega en el que las manifestaciones expansivas de logro, de maestría Divina, incluso la acumulación de abundancia, deben condensarse. Y lo que es el corazón y la esencia de la cosecha entonces se convierte en el núcleo del cristal, más duro que la piedra o el diamante. Esta sustancia, amados, empieza a formar la cueva de luz.

Ahora bien, vosotros comprendéis la utilización del término «Cueva de la Luz» por el Gran Director Divino.[1] Benditos, su Cueva de la Luz es una consagración al chakra del octavo rayo y cámara secreta del corazón. No solo es un sitio donde uno está a salvo, un refugio de iniciación, no solo es el lugar donde el alma se viste con el Cristo, donde entra en el Cristo, sino que según el Cristo la asimila el alma y el Cristo se hacen uno solo. Por tanto, en la siguiente ronda, al salir de la cámara secreta, como desde el propio vientre, amados, el alma sale como la manifestación total de Cristo, el Cuerpo y la Sangre de Cristo, el Corazón Sagrado de Cristo.

Entrar en el corazón de Cristo para convertiros en ese Cristo

Por tanto, podéis comprender la enseñanza de una madre en estos momentos en los que comienza la iniciación de los cinco rayos secretos, cinco niveles, por tanto, de la cámara secreta del corazón, como cinco cámaras esféricas interconectadas. Que podáis entrar. Que podáis comprender. Que podáis conocer. Ir al Corazón del Retiro Interno es otra entrada simbólica y real.

Benditos, llamo vuestra atención a esta iniciación porque ha llegado la hora de que conozcáis el significado de las palabras «Salvación [seguridad] en el arca del Señor»[2]. La cámara secreta de mi corazón es el lugar donde uno está a salvo.

La cámara secreta de vuestro corazón se expande cuando comulgáis con la llama trina y el Señor del Mundo, Gautama Buda. Pues él ha puesto ahí su imagen, una Presencia Electrónica, en vosotros, amados, incluso a nivel microscópico, adorando a la llama trina. Porque ya que es el Señor del Mundo y el guardián de la llama junto con el Maha Chohán, este ser, que mantiene el lazo entre su corazón y vuestro corazón a través del cordón cristalino, por ley cósmica debe entrar en vuestro corazón y adorar a perpetuidad. Y lo hace a fin de sustentar vuestra llama trina hasta que vosotros mismos empecéis a adorar esa llama. Por tanto, que podáis ver en el rostro del Buda en meditación un conocimiento de la adoración absoluta a la llama trina y la mismísima cuna de la llama, la esfera blanca, que es la Madre Divina.

Benditos, cuando la confusión exterior aumenta, es bueno haber mantenido, creado, intensificado, «incrementado» vuestra unión en Cristo. Por tanto, no os predico que busquéis al Cristo para convertir al mundo, sino que os predico el significado que tiene entrar en el corazón de Cristo para convertiros en ese Cristo, para convertiros en un mundo, en un cosmos, en vosotros mismos.

Por tanto, conoced el significado de los rayo secretos del Poderoso Cosmos. Al final, la iniciación es que, en esta cámara del corazón, a través de la llama trina, vosotros, amados, os convirtáis en un instrumento, en un dispensador, de los rayos secretos. Por tanto, ha nacido un Hijo de Dios. Y las llamas gemelas, al emitir los rayos secretos en polaridad, empiezan a girar en este cosmos interior; y el taichí, pues, se convierte en una percepción de los pliegues interiores de esta cámara secreta, como si fueran dos cámaras en una.

Benditos corazones, tal como Esperanza os ha dado la visión de la era de oro manifestada en vuestra aura, vida, conciencia y mundo,[3] yo os doy la visión de entrar verdaderamente en el corazón de Dios. Por tanto, cuando digáis: «Mi corazón es el corazón de Cristo», estaréis diciendo: «Mi corazón, que es mi vida, la progenie de Dios, mi propósito, mi dirección, es verdaderamente el corazón de Cristo. Porque mi alma ha entrado en la unión alquímica con mi Señor». Aquí, pues, amados, está el principio del logro de un *samadhi* consciente.

La elevación del alma desde los niveles inferiores del ser

Comprended, por tanto, que el alma misma, en el chakra de la sede del alma, debe haberse elevado, elevada por el fuego sagrado de la llama de la ascensión. Cuando el alma se eleva incremento a incremento, con estas iniciaciones de los cinco rayos secretos y los siete, el alma debe entonces permanecer, afrontar y conquistar en aquel plano del ser donde aún hay oscuridad, cavernas de oscuridad y cañones de oscuridad. Por tanto, en el cinturón electrónico inferior el alma permanece. Estas iniciaciones llegan tras saldar el 51 por ciento del karma.

Por tanto, el alma, vestida con una vestidura hecha de esa luz de equilibrio y cierto logro, enamorada de verdad de su Señor Cristo, debe entonces subir por las escaleras de los grados, como yo las subí,[4] como la Madre las subió. Y así, amados, en la transformación y el desafío total de toda esta muerte y este infierno del cinturón electrónico, está la superación. Y a medida que el alma va elevándose y dominando todos los niveles y planos de malas cualificaciones, hay un aumento, hay una intensidad del corazón.

Cuando el alma ha completado de verdad las tareas en los niveles inferiores del ser, entra por tanto en la cámara secreta del corazón para no salir más; es decir, al no tener la necesidad de ir a las siete esferas con el fin de saldar karma. Pero sí vuelve a salir de esos cinco rayos secretos hacia las siete esferas cuando se desarrolla el dharma de un universo y ella entrega su Cristeidad, en los rayos secretos de Cosmos, a un planeta o a un universo.

Abrir la puerta del templo de mi corazón

Estas iniciaciones, amados, las están afrontando en estos momentos ciertas almas del planeta. No os voy a decir quién ni dónde. Pero, amados, en la montaña más alta de Dios, en la verdadera cima del ser, encontraréis al alma que ha recorrido el sendero de los Maestros Ascendidos y verdaderamente ha merecido esta apertura de la puerta del templo de mi corazón.

Benditos, os puedo hablar de esto en lo que respecta a un alma. Porque, amados, os puedo decir que cuando un alma abre la puerta de mi corazón, también abre la puerta hacia la montaña de Dios, hacia la Cueva de la Luz y hacia el Retiro Interno.

Estas claves son claves majestuosas. Son místicas. Y son vitales para la supervivencia de una comunidad del Espíritu Santo;

vitales, amados, os digo son vitales en estos momentos.

Por tanto, amados, no he delineado cada paso de esta iniciación, sino más bien la he guardado como un secreto y como un misterio. Cuando por consiguiente seáis capaces de penetrar, de pasar por la puerta o por la mantilla de cabello de ángel, podréis conocer paso a paso la refulgencia de vuestro Señor y esta vez beber de su copa de cristal una vida que es un fuego sagrado eterno.

Comulgar con los rayos secretos de Cosmos en el corazón de la Madre

Benditos, ha llegado la hora de verdad para comprender que los que comulgan con los rayos secretos de Cosmos en mi corazón, y en mi corazón dentro de su propio corazón, están en sintonía con el núcleo de cada átomo del planeta. Ellos están en sintonía con el corazón de los rayos secretos de Cosmos. Y, por tanto, allá donde estos átomos hayan sido desintegrados, donde sus partículas hayan sido bombardeadas, donde el hombre haya utilizado el fuego sagrado de Alfa y Omega para crear implementos de guerra, armas nucleares o para crear virus, plagas y enfermedades de todo tipo, ella sola, la virgen prudente, que está en el corazón de la Madre Divina, es quien puede dirigir mejor los rayos secretos de Cosmos, el Sagrado Corazón de Jesús y mi Corazón Inmaculado hacia el núcleo de la destructividad. Esto se hace desde el epicentro, desde el mismísimo ojo de la vida.

Ahora, amados, si se os veta la entrada, si no estáis aún preparados para esta refulgente iniciación plena, podéis llamarme a mí y a las vírgenes prudentes, todas ellas arcangelinas, de los siete rayos. Podéis llamarnos, pues. Y a través de nuestro logro y nuestra Presencia Electrónica colocada sobre vosotros, podemos establecer, a través del núcleo de la llama trina, rayos de luz en el cosmos que estamos autorizadas a amplificar y dirigir a condiciones de guerra y la corrupción de la economía.

Comprended que hace mucho se dijo que deben recitarse los mantras de los Budas Dhyani[5] para esta victoria sobre la muerte y el infierno de la guerra nuclear. A eso yo agrego que deben recitarse también para sustentar la economía. Este es el amor perpetuo del Buda y de la Madre. Esta es la gracia de Dios.

El significado según los rayos secretos que tiene salir de la tumba

Comprended, amados, que esta época se puede comparar con la parábola de las vírgenes prudentes y las insensatas.[6] Porque el Novio es quien viene como ladrón en la noche.[7] Y quienes no tienen sus lámparas arregladas, suplican pidiendo aceite de quienes lo tienen. Y quienes tienen el aceite, lo tienen porque son prudentes, prudentes con la economía del aceite, del trigo, del vino, prudentes con la economía de la luz del cuerpo causal y el aliento mismo. Por tanto, saben que no es lícito transferir a otra persona el logro de los chakras.

Hay que entender el valor de Dios donde «YO SOY». Hay que decir: «Esta luz que YO SOY es para la sanación de las naciones. Es mi Dios y YO SOY mi Dios. No se la voy a dar a otro por lástima o complacencia; sino que, con compasión divina, los dejaré y correré a saludar a mi Señor, subiendo por la escalera de caracol desde el chakra de la base de la columna hasta el corazón a través de su cámara secreta».

Por tanto, amados, comprended que esas vírgenes prudentes están selladas en el núcleo de fuego blanco del ser. Están selladas con el Novio, con la puerta cerrada. Porque la unión alquímica necesita un intervalo entre cada uno de los cinco rayos secretos, ciclos para que el alma se llene, para que se convierta en la Palabra encarnada.

Por tanto, este es el significado de la Pascua según los rayos secretos, amados. Este es el significado según los rayos secretos que tiene salir de la tumba. Y la llama de la resurrección, amados, es una de las manifestaciones más poderosas que emana no solo del sexto rayo, sino de los mismísimos rayos secretos del sexto rayo. Por tanto, esta también es una clave para que entréis, además del rayo rubí, como si con un aceite santo y milagroso pudierais penetrar en lo impermeable.

Una iniciación en la cámara secreta del corazón

Por consiguiente, vengo con el gran Espíritu de mi amado Rafael. Vengo ante vuestra presencia y os revelo, retirando algunos velos, el misterio de una iniciación en la cámara secreta del corazón. Existen otras, amados. Al envolveros en este momento en el que estamos juntos, os permito que sintáis el recinto, la protección, el maravilloso amor de este sitio muy especial.

También deseo deciros que, en la medida en la que seáis capaces de hacerlo, es bueno que comprendáis que en lo que respecta al cuerpo físico de la Tierra, el Corazón del Retiro Interno, donde se entrega nuestra Palabra, es lo que simboliza y representa al Buda del corazón, a Maitreya, hablando desde la montaña interior a los devotos reunidos afuera de las puertas, que un día podrán abrirse hacia una cueva de luz.

Por tanto, ved cómo se reúnen para escuchar la enseñanza, para prepararse, para lavarse, para ser cargados, para ser equilibrados e iniciados. Ved cómo vienen sabiendo que un día, a todos y cada uno de los verdaderos devotos de Dios, la Madre Divina podrá abrir la puerta a fin de que ese devoto pueda contemplar y abrazar a Maitreya.

Hablo de estas cosas como si estuviéramos en lo profundo del mar o en las aguas bajo el mar, como si estuviéramos sellados en las mismísimas profundidades de la Tierra mientras la confusión, las perturbaciones y los desórdenes de la superficie tengan lugar. Os llevo a este centro ígneo para que podáis equipararos con él al hacer el llamado a los rayos secretos de Cosmos,[8] para que podáis sentir que estáis en el corazón de un sol, siendo vosotros un sol, dirigiendo los rayos finísimos (en cantidades infinitas, desde mi corazón, desde vuestro corazón, como uno solo) hacia las condiciones de la Tierra que deben tener este fuego sagrado. Y esto sirve para que se pueda dar otro día y otra hora como oportunidad, semana tras semana, una oportunidad para que la Gran Hermandad Blanca extienda una mano como ayuda a otro y a otro más que también pueda rescatarse del turbulento mar de la vida.

Escoged un mantra y que ese mantra os lleve a la cámara secreta del corazón

Benditos, Saint Germain ha dicho que deberíais rezar, y rezar fervientemente sin cesar. Escoged cada cual uno de sus mantras, que no tiene por qué ser largo, pero escoged uno, amados, y empezad a repetirlo sin cesar. Repetid un mantra de Kuan Yin, el Ave María o el Om Mani Padme Hum, el Om Namo Narayanaya.[9] Comprended, amados, que está bien disciplinar la mente para que el alma, a través de la mente y el corazón, pueda viajar al interior con la Palabra interior que se recita mientras servís.

Meditad bien en lo que será vuestro. No se lo digáis a nadie, excepto a la Mensajera si os place. Que solo se diga, sin que se escriba. Y, por tanto, que os lleve continuamente a la cámara secreta del corazón, a la llama trina. Ahí, amados, os enseñaré cuáles son los desequilibrios que tiene vuestra llama trina y cómo estos deben alinearse y equilibrarse ahora para que puedan nivelar la subida, la poderosa subida de la Madre en vosotros.

La necesidad más grande es la de equilibrar la llama trina

Benditos, algunos que saben que tienen poder consideran que tienen el penacho azul más grande que el resto. Pero, amados, si se trata de un poder mal utilizado o del que se ha abusado, ello no indicará un penacho azul grande, sino más bien una gran cantidad de sustancia kármica en el cinturón electrónico por el abuso de esa llama, que solo puede crecer cuando en efecto transmutáis la sustancia de sus abusos.

Por eso la llama violeta que se hace todas las tardes [o noches] tiene tanto valor para nosotros. Recogemos cada descenso de este fruto del vino del Espíritu y lo aplicamos al ámbito de más necesidad. La necesidad más grande es la de equilibrar la llama trina. Por consiguiente, nuestros ángeles dirigen la llama violeta, con nuestro permiso, al cinturón electrónico para liberar las energías, lo cual dará como resultado un aumento, de forma equilibrada, de cada uno de los tres penachos.

Comprended, pues, amados, que la maestría Divina que Lanello os regala este año cualidad acompañante es de lo más esencial.[10] Porque sin maestría y sin desafiar las viejas costumbres humanas, os encontráis volviendo a usar mal el primer, segundo y tercer rayo y la luz blanca de la Madre, regresando así a los viejos desequilibrios habituales.

Los patrones de las costumbres en esta vida están teñidos de rojo, igual que los canales profundos. Por tanto, recordad el trabajo que hay que hacer para limpiar el camino para la llama trina equilibrada. Por tanto, el poder del equilibrio, la sabiduría del equilibrio, el amor del equilibrio, la pureza del equilibrio, estos tres más el blanco son la cuadratura del círculo.

Acceso a mi llama trina

Por consiguiente, os concedo acceso a la llama de mi Corazón Inmaculado, mi llama trina. Si me llamáis, amados, tendréis la Presencia Electrónica (es decir, la imagen inmaculada) de mi llama trina sobrepuesta sobre la vuestra como un imán que os impulse a aumentar esa llama trina según el patrón divino en vez de según los viejos caminos.

Mi llama trina en efecto aumenta vuestra capacidad de recibir de vuestro Santo Ser Crístico el patrón de vuestra llama trina. Así ayudo como Mediadora de Dios y de Cristo, y vosotros podéis entender por qué millones me rezan pidiendo que interceda por ellos ante el Padre y el Hijo. Porque esta intercesión, amados (la que facilita el aumento de la llama trina), eso es mi santo cargo.

Comprended qué hermoso es para mí presentarme ante el alma para conducirla, para protegerla en momentos de temor, duda y tormento mientras se hace camino a través del laberinto del cinturón electrónico, que busca y decide equilibrar la llama trina para que esa llama pueda así expandirse y crecer como una poderosa ancla del corazón, para que el alma pueda unirse a su capitán.

Ved, pues, el ancla, y ved cómo se convierte en una llama trina equilibrada. Y ved cómo es el punto de anclaje gracias al cual hay seguridad y amarre en el plano astral. Solo la llama trina expandida puede llevaros a donde debéis ir. Digo «debéis ir», amados, porque para entrar en lo más profundo del corazón de Dios en su montaña santa hace falta un verdadero impulso.

He venido para daros paz. Y puede que digáis: «En el Corazón Inmaculado de María, yo confío». Y este también puede ser el mantra que digáis: En el Corazón Inmaculado de María, yo confío. Esto es al Ma-ray* que YO SOY encarnado. Ese rayo no empieza o termina con el «YO» que es quien habla. Es un gran bucle que atraviesa el Sol Central y vuelve. Por eso, «en el Corazón Inmaculado de María, yo confío», esto os da la unión conmigo siempre. A través de mi Corazón Inmaculado podéis decir: «En el Corazón Sagrado de Jesús, yo confío». Puertas y más puertas que conducen al Sanctasanctórum; entended, por tanto, la jerarquía como la cadena de un rosario cósmico.

Sabed que vengo con esta paz y esta promesa. Pues es tarde,

*Rayo de la Madre. (N. del T.)

el peligro es grande y la necesidad de que pongáis la atención en el altar aumenta a diario.

Os sello, amados, con el vino del Espíritu y las rosas.

[pausa de 32 segundos]

Ángeles del Corazón Inmaculado de María, os convoco. Os convoco en esta hora. Socorred a los vuestros. Liberadlos de una funda de densidad de antigua cualificación errónea del primer rayo secreto.

Ángeles de mi corazón, ángeles del Corazón Sagrado de mi Hijo, llevad a cabo la obra perfecta para que estos puedan refinarse en alma, sensibilidad y gracia. Que el refinamiento llegue mediante la gracia de la gratitud.

Por tanto, conoced la gracia mediante la gratitud. Y conoced vuestro sitio al lado de la Diosa de la Libertad.[11] Fuego del corazón de Leo, ahora, pues, *¡arde* en estos corazones! Purifica, purifica. Hecho está.

11 de marzo de 1987
Rancho Royal Teton
Park County (Montana)

CAPÍTULO 4

Pablo el Veneciano

La iniciación de los corazones

Fuego para el realineamiento de mundos

De la Palabra inefable, oh amados, vengo como el Señor del Tercer Rayo, vuestro Pablo el Veneciano.

Vengo, pues, para la iniciación de los corazones y los chakras del corazón para el desarrollo del amor divino para todos los corazones de este estado, que debe acelerar en el desarrollo del discernimiento del corazón. Porque el corazón lo sabe todo, lo lee todo, lo comprende todo. Que el entendimiento del corazón se despliegue y que el alma se eleve hasta su legítimo mentor, el Cristo interior.

Mis ángeles de amor os rodean; rodean a todos y cada uno de los portadores de luz, a cada niño, a cada hombre y mujer de todo este estado de California. Porque yo, Pablo, vengo a servir a los que se afligen por los temblores del karma en la tierra y el peso de la cualificación errónea en este estado y por los registros del pasado.

Por tanto, qué radiante es la luz del día. Sin embargo, los que me escuchan, los que oyen y oyen voces angélicas y hacen caso al llamado interior saben que no todo está bien y, por tanto, los rumores de profecías y predicciones de terremotos y cataclismos seguro que han de afectar a la psique interior, así como a los seres de la naturaleza que cuidan de este jardín de Dios.

El llamado de la Madre Divina

Ahora pues, amados, para afianzar las columnas de fuego en la Tierra, os encomiendo al llamado de la Madre Divina para elevaros y encontraros con vuestro destino en esta era. Os encomiendo a la llama violeta con la que la luz del corazón simplemente aumenta y aumenta igual que la flor despliega sus pétalos y la rosa de luz del corazón despide su fragancia hacia todos los que están angustiados, todos los que están muriendo y los que no han vivido en la luz, pues no supieron cómo hacerlo.

Por falta de instructores y de quienes que se interesen, algunos se pierden; y por falta de interés en la Ley, muchos apagan ellos mismos la llama. Y al negar a la Madre Divina de la antigua Lemuria, ha tenido lugar una civilización carente del conocimiento íntimo de ser el recipiente de la Madre y así llegar al amor del Buda, aquel que despliega la luz del Christos eterno.

¿Por qué, pues, entregamos nuestra Palabra? Es para que puedan descender mareas de amor sobre un pueblo reencarnado desde la Madre Tierra, aquí, otra vez, para resolver karma y situaciones de una historia antigua.

Por tanto, benditos, no os quedéis atrapados en esos sitios que han de recibir una luz purificadora y un lavado con las aguas de la Palabra.[1] Sed conscientes de hospedar a los ángeles de Dios.[2] Sed conscientes de establecer la fuente interior de la paz como medio de recibir la Presencia Divina y a estos ángeles, que siempre han servido a los siervos de Dios para llevarlos a donde deben estar, quizá a donde no desean ir.

Sin embargo, el Espíritu Santo que está en mi rayo y en mis

grupos debe recogeros y llevaros a otros lugares y a veces a otros tiempos, pasado y futuro, para que podáis establecer las coordenadas de vuestra comprensión de una profecía que está escrita en la roca y en la médula de vuestros huesos y en las mismísimas aguas de los mares mismos.

El chakra del corazón debe expandirse

Por tanto, llamo a quienes ya han oído el llamado y están contestando al responder con su propio llamado, y vengo a vosotros al abrir mi corazón para la sanación de los corazones. Pues el chakra del corazón de este estado debe expandirse para que los frutos y una luz puedan evolucionar.

Que los hijos de Mu[3] alcancen la madurez. Que entiendan lo que significa ser hijos de Dios en una época en la que pocos aceptan la responsabilidad de ser pastores.

También vengo con un fuego rubí para purificar la corrupción en el Gobierno de este estado. Vengo con una luz purificadora que obliga a la luz a elevarse para la recuperación del memoria divina. Porque con la pérdida de la luz, también se produce la pérdida de la memoria; y en las Tablas de *Mem,*[4] con las que estuvisteis familiarizados en Lemuria, se encuentran las grabaciones de vidas antiguas cuando, amados, poseísteis una luz extraordinaria.

Pero, en lo que respecta a los que están asentados en este estado en este momento, fue la componenda del corazón y del chakra del corazón lo que os permitió perder esa luz y, por tanto, descender en un apartamiento, una separación primero de la Madre y después de su Hijo, de la Luz Universal, y después unos de otros, al estar divididos, pues, por caídos, ángeles que libraron las guerras de los dioses hasta la destrucción total de los templos interiores de luz.*

*El santuario interior de los templos lemurianos donde se rendía culto a la Madre Divina.

Ellos han vuelto, amados, para destruir los templos y a los devotos del Tíbet; ¿y quién ha alzado la mano para decir «¡hasta aquí habéis llegado!» a esas hordas comunistas que han negado la cultura de la Madre en los seres amables del Tíbet[5] que han llevado adelante la antigua sabiduría?

Ni el Gobierno de este país ni ninguno de Occidente, os digo. Benditos corazones, es un crimen contra la humanidad cuando, en el nombre de Acuario, se da la libertad a hordas que no están desarrolladas para que apaguen la vela que ha estado encendida sobre los altares de los antiguos durante cientos de miles de años.

Guardad la llama de la vida en vuestro corazón

¿Se apagará la llama en vuestro corazón, en el corazón del pueblo de Lemuria a este lado del cinturón de fuego?

Es una decisión que debe tomar el individuo por libre albedrío, la de guardar la llama de la Vida y saber que la ciencia de la Palabra hablada (que habéis ejercido de una forma tan amable y poderosa esta noche) es el medio de elevar la luz de la Madre [el fuego sagrado desde el chakra de la base de la columna], de extraer la luz del Padre [desde la Presencia YO SOY], de experimentar la unión de ambos en el templo como un aumento del fuego del corazón que consumirá el antiguo karma del compromiso del corazón, finalmente ese fuego, esa llama trina expandiéndose, devolviéndoos la conciencia de Dios que una vez conocisteis.

Aunque en un momento leo los registros de akasha de cada uno de los reunidos aquí y de todos los anteriores ciudadanos de Lemuria que viven en California, no los voy a leer al detalle en mi dictado, sino que solo os diré, amados, que es muy cierto el axioma que dice que los que no adquieren un conocimiento de sí mismos en su historia están condenados a repetirla. Por tanto, estáis en un momento que es la cúspide de una elección: subir por la espiral del ser para trascenderse a uno mismo retrotrayéndose hasta los días de Lemuria y entrar en la vía superior de la reunión con Dios o de otro modo repetir los ciclos anteriores y caer otra vez.

Benditos corazones, la Gran Hermandad Blanca se ve obligada a enviar a la Mensajera para que lleve a los suyos el conocimiento de las *opciones,* porque os habéis ganado derecho a saber, a ser amados y a amaros a vosotros mismos como Dios ama a todas las partes de la vida. Tenéis derecho a aprender a ir por el camino de la entrega de uno mismo, lo cual hicieron los adeptos de la antigua Lemuria en los últimos días de ese continente cuando reunieron a sus discípulos y transfirieron las llamas de los templos a los lugares remotos de las montañas.[6]

El karma debe transmutarse para evitar cataclismos

Sabed, amados, que lo que hay en la Tierra como karma debe ser transmutado, pues la Tierra clama en agonía por el peso de la infamia de los caídos, en este estado únicamente y, sí, en todo el planeta: «¡Hasta cuándo, hasta cuándo, Señor!».

Así claman a Dios los seres de la tierra, el fuego, las aguas y el aire: «¿Hasta cuándo deberemos cargar con la infamia de los espíritus rebeldes que van por ahí pervirtiendo la fuerza vital en los niños pequeños y en sus cuerpos?».

Por tanto, lo que debe reconocerse, amados, es la sacralidad de la vida en vosotros. Dios está en vosotros. Reverenciad esa luz, esa conciencia, a ese ser, y comprended que a menos que se reverencie la vida y algunos se salgan de la comodidad del culto al placer, de la comodidad de derrochar la luz de los chakras, volveréis a conocer los cataclismos del pasado. Todas las predicciones pueden evitarse con la llama violeta; algunas solo pueden mitigarse.

Apresurémonos hacia una conciencia superior.

Igual que el centinela de la noche sube a su torre para ver que todo está bien o que no lo está, vosotros podéis elevaros a planos superiores de vuestro ser y ver a través de la mente de Cristo en vosotros cuál es vuestro destino y cuál es el destino de la Tierra, para que podáis trazar un rumbo en el planeta Tierra como una columna de fuego, una columna de fuego.

Así son los adeptos del amor y del tercer rayo iniciados del Espíritu Santo y del sacerdocio de la Orden de Melquisedec.[7] Así conocemos el fuego rubí que es un amor tan intenso que produce el juicio a las fuerzas opuestas al amor que abusan de la luz del corazón.

Emitid el fuego para la realineación de mundos

Que podáis correr al Corazón Inmaculado de la Virgen María, al Sagrado Corazón de Jesús y al corazón púrpura de fuego de Saint Germain y de ahí recibir la Palabra implantada.[8] Esto, esto es iluminación del Cristo Cósmico. Esto es la transferencia de los grandes maestros a vosotros directamente, a través de vuestro Ser Crístico, que es el sumo sacerdote ante el altar de vuestro ser, de ese fuego que es tan necesario para que conozcáis, percibáis y seáis quién deberíais ser en esta época y estéis donde deberíais estar en esta época.

Ahora emito el fuego para la realineación de mundos. Venid al Hogar, amados míos, al corazón del amor eterno. Que podáis descubrir la realidad y entretanto conocer al instructor, a la llama gemela y al amado Dios.

Mis ángeles os tocan y os aman en estos momentos. Os han conocido durante una eternidad. Saludadlos como amigos, casi perdidos desde hace mucho tiempo, de las octavas superiores que ahora os saludan con el abrazo de otros mundos. El cielo está muy cerca; aún más cerca está el amor del cielo.

Mi venida, pues, está establecida, así como los ángeles del tercer rayo han establecido focos por la ciudad para la transmutación y la corrección de este Gobierno para beneficio de todo el pueblo.

En la llama de vuestro corazón quedo como instructor de amor que os ama hasta las alturas de la maestría del amor.

Estad en paz, amados, pero guardad la llama. No dejéis de mantener la llama del amor ardiendo. Así es el amanecer de la Nueva Era a través de la llama del amor.

16 de febrero de 1988
Hilton Garden Inn
Sacramento (California)

CAPÍTULO 5

La Diosa de la Libertad

Os regalo una llama trina cósmica de Libertad

para contrarrestar la espada de Damocles: extraterrestres en sus naves espaciales

En la llama del corazón de la Libertad, os saludo a cada uno de vosotros procedente del Silencio Cósmico, de dónde he descendido en este momento para establecer en la Tierra un intenso aceite de la llama de la Libertad.

Vengo, pues, a arrancar llamas de la Libertad de las que he dotado a vuestro corazón como ciudadanos de un cosmos. Como los crocos que se arrancan para formar parte de esta investidura a un planeta con una Llama Trina Cósmica. Esta es la llama que he extraído durante muchos eones y de la cual estoy aquí para hablaros, amados, en la llama viva de la Diosa de la Libertad cuyo cargo tengo, que YO SOY EL QUE YO SOY, puesto que ha llegado el momento en el que por edicto del Todopoderoso puedo implantar en esta Tierra una Llama Trina de la Libertad.

Benditos corazones, no sin lágrimas en los ojos me acerco a esta tierra, ¡oh, Tierra Pura de los poderosos Budas![1] Así vengo y en esta tierra virgen sellada así, ahora está sellada mi llama, una llama más grande que yo, pero una llama que contengo. Esto, pues, ha sido el tema de mi prolongado período en el Gran Silencio. Felices sois quienes habéis guardado mi llama durante mi aparente ausencia. Benditos, oh, recibid con alegría mi regalo.

[aplauso de 27 segundos]

Durante la duración de estos dictados, vuestras llamas forman parte de la mía. Y cuando se vuelvan a enfocar en el cáliz de vuestro corazón, descubriréis que el aura y el Imán del Gran Sol Central de la Llama Trina de la Libertad os proporciona una fortaleza y una protección, un engrandecimiento y un imán con lo cual continuáis extrayendo de esta llama y al hacerlo, aumentáis así vuestra propia llama trina, para que también podáis devolver «vuestra radiación» a esta Llama Trina Cósmica de la Libertad con la que pueda crecer por vuestra conciencia cósmica. Por tanto, amados, vengo representando no solo al Consejo Kármico, sino a la jerarquía cósmica.

El fenómeno de los extraterrestres

Vengo, pues, a hablaros de esas cosas que han ocurrido en la Tierra, que ocurren en la Tierra, que están viniendo a la Tierra y que, sin embargo, se han ocultado a la conciencia exterior de muchos. Yo fui quien dije a la Mensajera que os trajera a los que expusieron anoche acerca del fenómeno de los extraterrestres, que entran y se mueven por todo este planeta para detrimento de la vida.[2]

Benditos corazones, sépase, por tanto, que las corrientes de vida fundadoras de esta organización, quienes habéis guardado la llama de la pureza durante muchos, muchos años y las que han llegado recientemente, de hecho, Guardianes de la Llama y portadores de luz del mundo, ahora habéis madurado para comprender completamente con vuestra conciencia despierta lo que cuelga como una espada de Damocles sobre vuestras cabezas.

Y no me refiero a la guerra nuclear, sino a las naves espaciales y a quienes no tienen consideración por el valor de la vida de ninguna forma, sino que más bien consideran a la vida de este planeta como algo prescindible y como un medio para sus fines, incluso como un laboratorio de experimentación. Como comprenderéis, aunque hoy existieran, bajo control y listas para utilizarse, las tecnologías con las que defender a un planeta de una invasión extraterrestre, el holocausto de tal eventualidad al final sería casi más de lo que la psique puede soportar.

Por tanto, amados, es necesario poner ciertos hechos ante quienes ahora han recibido todas las herramientas de invocación necesarias con las que afrontar cualquiera de las fuerzas que puedan ser contrarias a Dios o contrarias a la Vida en los universos físicos. Por tanto, es una cuestión de ejercer ese dominio, ese dominio de la ciencia de la Palabra hablada. Por tanto, vengo para perforar ciertas capas de ilusión, densidad y sopor en las que a veces caen algunos de nuestros mejores siervos.

Los portadores de luz de la Tierra deben alcanzar la madurez

Benditos corazones, los Mensajeros han llevado la carga del conocimiento de estas cosas durante muchos, muchos años, pero el Consejo Kármico ha preferido no exponer a los Guardianes de la Llama a un temor que no estaban preparados para afrontar. Ese momento hace mucho tiempo que pasó y los portadores de luz de la Tierra deben alcanzar la madurez y asumir su responsabilidad de defender la Vida y la Libertad y la llama de la Libertad.

Sin libertad no hay vida que merezca la pena; no hay vida, punto. Comprended, por consiguiente, que aunque los Mensajeros de hecho han mantenido el equilibrio por vosotros en estos asuntos de la interferencia extraterrestre en vuestro discipulado y vuestras vidas, es hora, ha llegado la hora y la hora es manifiesta ahora, a través de esta Llama Trina Cósmica de la Libertad que he puesto aquí, de que todos y cada uno de vosotros asuma una responsabilidad igual bajo el manto de los Mensajeros para defender la vida, empezando con vosotros mismos, vuestra familia más inmediata y todos los portadores de luz por quienes tenéis interés y os preocupáis universalmente en este planeta y en mundos más allá.

Benditos, repito la Ley, pues el libro que sostengo es el Libro de la Ley, la ley que dice, pues, que a menos que se invoque una llama en estas densas capas una vez cada ciclo de veinticuatro horas, esa llama tiende a elevarse. Hay un factor que equilibra esta ley, que es la capacidad de la persona de mantener una armonía Divina, una constancia y una unión con Dios como una vara de fuego blanco tal que por logro esa llama se mantenga aquí abajo.

Al deciros este hecho, ya entiendo que algunos de vosotros suponéis tener un logro que no poseéis y, por tanto, os aconsejo que nunca supongáis tener un logro, sino antes reforzadlo y dejad que la Ley misma sea la que os proporcione una confirmación de la presencia de esa luz. Nunca os hará daño una aplicación redundante, pero os podríais ver en una posición muy comprometida al tener una ofrenda demasiado mísera ante nuestro altar de la Libertad.

El altar de la Libertad está en la cámara secreta del corazón

El altar de la Libertad está en vuestro corazón. Está en la cámara secreta del corazón. La vida se santifica allá donde estáis. Vosotros no tenéis nada que ver con la raza del hombre mecanizado y los impíos, sin sentimientos, sin corazón, que han conseguido existir tomando prestada la ciencia de la Madre Divina y de Sanat Kumara; y os digo que los días del abuso que hacen de esa ciencia están contados.

Deseamos ver que los superáis en número uno por uno y que la totalidad del Uno supere a las múltiples partes de la manifestación. Deseamos ver que los superáis en años, en resistencia, en la ocupación de este cosmos de la Materia hasta que la luz que invoquéis confirme un juicio ya dictado por el Consejo Cósmico sobre estos seres por su violación del espacio, del tiempo, del sagrado templo corporal y de las almas.[3]

Puesto que se lo han hecho a mis hermanos más pequeños, los Guardianes de la Llama del planeta Tierra, ¡a mí lo hicieron![4] Hoy declaro, pues, que el karma que tienen sobre sí es diez veces más, no por su violación a la humanidad, sino por su equivalencia en la violación a mi Cargo, mi Ser y mi Llama, puesto que soy la Madre Cósmica de esta humanidad y de estos portadores de luz del Sol. Por eso, habiéndoselo hecho a uno, se considerará como si me lo hubieran hecho a mí diez veces más. Porque YO SOY esa Vida y YO SOY esa Llama Trina de la Libertad dentro de cada corazón que late.

Haced un llamado y ratificad el juicio

Benditos, puesto que ya se ha dictado un juicio, hace falta la ratificación y confirmación *diaria* de los Guardianes de la Llama. No debe permitirse que estos violadores de la semilla genética de los seres Crísticos de la Tierra manipulen, tomen prestado ese fuego sagrado y perpetúen así durante eones su creación robótica incluso con una parte microscópica de la llama de la Libertad, que forma parte del código genético de los portadores de luz.

Comprended, por tanto, amados, algo que no todos han considerado. Cuando en un dictado tras otro os declaramos el juicio de ciertas condiciones en la Tierra, eso es la «luz verde» para que os pongáis y hagáis ese llamado y ratifiquéis ese juicio por vuestro hogar, por vuestro sitio en la tierra, vuestro pueblo, vuestra ciudad, vuestro país y vuestro sistema solar.

Como hijos de Dios debéis confirmar los juicios justos y rectos del SEÑOR que nosotros declaramos; y si deseáis afianzarlo de verdad, debéis volver a poner esos dictados en vuestra casa, para que la resonancia y la magnificación de la Palabra original con Brahmán, Quien es el verdadero Juez, pase por vosotros y por vuestra voz cuando decidáis escribir y recitar las palabras del juicio y pronunciarlas como decretos con esa grabación audio.

Es de lo más esencial que comprendáis que ante estos extraterrestres los Guardianes de la Llama permanecen intactos cuando están vestidos con nuestro manto, nuestra Presencia Electrónica; y esa Presencia Electrónica siempre se enfoca a través de la Palabra hablada.

Al poner vuestra atención en mí ahora, amados, YO SOY quien os rodea instantáneamente con la plenitud de mi Ser. Y tal como me he revelado a mí misma, a la Mensajera, durante estas horas, debéis comprender que la inmensidad del Ser Cósmico que YO SOY aparece como si fuera una manifestación gigantesca de mí misma dentro de este Corazón del Retiro Interno, de modo que la Mensajera se encontrara de pie dentro de mi Presencia Electrónica midiendo como si fuera nada más que unas pulgadas desde el suelo hasta mi vestidura.

La necesidad planetaria de protección espiritual

Sabed, pues, amados, que la inmensidad de mi Ser en esta Tierra, en este Corazón y alrededor de vosotros es de hecho suficiente defensa cósmica contra todo lo que quiera atacar vuestra Divinidad: ¡vuestra Maternidad, Paternidad y Cristeidad Cósmica ahora!

Pero debéis recordar que lo que establece esta luz *físicamente* es la ciencia de la Palabra hablada, la oración, la devoción, la imploración, el amor, el deseo de ser yo misma en la forma o de ser uno de los demás jerarcas y seres cósmicos en manifestación, el deseo que se *pronuncia* con amor en el mantra, con la determinación Divina de guardar la llama y reconocer qué locura es desviarse del altar central de esta comunidad en busca de otros pastos y campos más grandes, supuestamente de libertad.

No existe libertad sin la llama de la Libertad. ¡No existe la libertad a menos que esa libertad de existir, de respirar, de conocer, de experimentar la divinidad interior esté sellada con una absoluta protección cósmica espiritualmente, mentalmente, emocionalmente, en el cuerpo de los deseos y en los chakras!

Hacia la Madre Cósmica no se corre por miedo, sino por el amor profundo del que Kuan Yin os ha hablado,[5] por lo cual, al ver la necesidad, *la necesidad planetaria de protección espiritual*, venís a mi corazón para que yo multiplique cada aliento vuestro por la libertad y juntos podamos establecer así un campo energético espiritual en este planeta y que ni un solo portador de luz vuelva a ser violado por estos caídos y su hombre mecanizado.

Queridos de la luz, considerad pues, considerad, al haber escuchado y visto escena tras escena* y al haber leído y al deber haber leído para estar seguros de no olvidar esta amenaza contra la vida humana, que quienes son llevados por los extraterrestres a sus naves espaciales son llevados como por un ladrón en la noche que llega de repente para paralizar la forma que tienen y para hacer las cosas oscuras y los actos viles que han contemplado.

No os durmáis ante la amenaza de los extraterrestres

Benditos, en efecto es un terror a lo desconocido. Pero os pregunto: ¿es la tortura, el mal practicado en el mundo del comunismo contra los presos, ese mal es peor? En algunos casos es mucho más brutal y cruel. Sin embargo, estas cosas se han aceptado y se dan por hecho.

Ahora bien, no vemos a decenas de miles de personas venir a este Corazón del Retiro Interno este verano, aunque se las ha

*Escenas en diapositivas, documentos y secuencias cinematográficas durante el Summit University Fórum sobre "La conexión OVNI. Naves espaciales y secretismo del Gobierno".

llamado. Y ante las atrocidades en el mundo que se han llevado a cabo a lo largo de este siglo a través del comunismo mundial, no vemos a todo el país exigiendo frenéticamente que cesen las violaciones de los derechos humanos en Oriente y Occidente.

Entonces, amados, lo que quiero decir es esto: puede llegar el momento, y puede llegar más pronto de lo que pensáis, en el que vosotros y otros también podáis quedaros dormidos ante la amenaza de los extraterrestres. ¿Y no son esos países que cometen esas atrocidades y brutalidades con sus prisioneros y su propia gente, no son ellos mismos alienígenas, extraños a la luz, extraños al Cristo universal? Cuando se trata de registros del mal en este planeta o en cualquier otro, no hay rivalidad.

Por tanto, Saint Germain declaró a los Mensajeros hace mucho tiempo, en Colorado Springs, que solo por haberse enterado recientemente de las técnicas de vigilancia de estos caídos, de los gobiernos de la Tierra y de los extraterrestres, solo por el hecho de haber descubierto hace poco que llevan haciendo manipulación genética durante cientos de miles de años, ello no quiere decir que uno deba tener más ansiedad o temor hoy que ayer, cuando la mente exterior ignoraba felizmente, porque también habéis sabido estas cosas a niveles internos.

Y así, benditos, la lección que hay que aprender sobre lo que hemos tratado esta noche, que yo diría que es solo la punta del iceberg, es esta: no hay que entrar en estado de impresión inicialmente y tener una reacción de cierto activismo en lo que se refiere a invocar la luz y la acción de los siete arcángeles, solo para poco a poco ir distanciándose del contacto con el grado de la impresión inicial.

Guardad la llama de protección

Es esencial que el cuerpo de portadores de luz de la Tierra tenga la voluntad, el carácter, el valor y las agallas, *sí, digo las agallas,* de no desviarse del Sendero y de comprender que alguien debe, con constancia, al rotar las veinticuatro horas, guardar esta llama de protección contra cualquier forma de agresor contra la Llama Trina Cósmica de la Libertad y la victoria definitiva de un planeta.

Escucharéis el mensaje que os darán el Señor Gautama, Alfa y Omega, los Santos Kumaras. Benditos, el elemento que se ha introducido, que es el elemento de esperanza, es un fervor nuevo entre algunos antiguos Guardianes de la Llama y un maravilloso fervor nuevo entre los que se han unido a nuestras filas recientemente.

Lo malo, como diríais vosotros, es que algunos que han tenido esta llama varias décadas, aún siguen sin corregirse a sí mismos cuando se trata de criticar, condenar y juzgar o bien a nuestros Mensajeros, o bien a nuestro personal o a nuestra comunidad, o bien nuestra normativa, que sí pueden criticarse cuando las llevan a cabo otras personas. Los hay que no frenan la lengua, que aún continúan con sus chismes, con sus injurias y deshaciendo los hilos de la tela de una enseñanza maravillosa, dejando los hilos que dan por buenos y eliminando otros que no aprueban.

Por tanto, como ha ocurrido en otros sistemas planetarios, si los que desean recibir el cáliz de la libertad que se ofrece lo conservaran y retuvieran la fuerza de este elixir sin diluir, veríamos surgir columnas de fuego allá por donde caminaran y esa misma presencia espiritual en la Tierra poner en duda cualquier intento considerado en estos momentos por los extraterrestres o por los que hay en el planeta de ir demasiado lejos contra el plan divino de la Libertad para la Tierra. Allá donde no hay defensas físicas, amados, deben ser los corazones de los de la libertad, que son tan intensos y cuya intensidad atrae a tantos ángeles que las huestes de la oscuridad realmente temen llevar a cabo su Armagedón.

La autoridad está en el manto de los Mensajeros

Por tanto, os digo que la autoridad está en el manto que llevan los Mensajeros encarnados y ascendidos, que son vuestros amados Prophet*, de desafiar, atar, hacer retroceder y traer el juicio a todas las fuerzas extraterrestres, tanto si vienen en sus naves como si llevan en este planeta miles de años. Si pedís que ese manto esté sobre vosotros, amados, sabréis que, por la autoridad del manto de los Prophet, en nuestro nombre y por los juicios dictados por Dios, podréis a diario contrarrestar esas fuerzas extraterrestres y hacer que se las lleven.

Por tanto, vengo a deciros que hagáis esto. Podría deciros que debéis hacerlo, pero en cambio os digo: si deseáis lograr la victoria y llevar a cabo la causa por la que habéis venido a este planeta, debéis hacerlo. Y, por consiguiente, en esa frase os dejo que decidáis con vuestro libre albedrío si cumpliréis los requisitos de vuestro dharma† personal y vuestra razón de ser.

Por último, pues, lo que quisiera desvelaros es que no sois nativos de esta Tierra y todos vinisteis con este propósito: guardar la llama en el momento en el que estos extraterrestres extraños a la luz se dirigieran contra los hijos del Sol y los hijos del Sol os necesitaran a *vosotros* como defensores. Por este momento de vuestro reconocimiento físico y mental de la amenaza de extraterrestres, Jesús, el amado Hijo de Dios, y Saint Germain os prepararon el año pasado y nuestros dictados os han preparado durante muchos años.

Guardad la llama de la Libertad cósmica en la Tierra

Os han llamado a que ascendáis, a que seáis el Cristo, a que seáis pastores. Os han llamado a que atraigáis a diez mil

*El apellido de los Mensajeros es Prophet, que en inglés significa 'profeta'. (N. del T.)
†*Dharma* [sánscrito]: en este contexto, deber; conducta o modo de vida adecuado a la naturaleza esencial de uno mismo o requerido por esta; el deber que uno tiene de realizar el potencial Crístico, el Bodhi interior, a través de la labor sagrada.

Guardianes de la Llama.[6] Que ahora podáis comprender cómo un cuerpo de Dios y de luz (*vosotros,* el cuerpo místico de Dios, la santa Iglesia) conspiró hace mucho en el Espíritu Santo a niveles internos con nuestro Señor Gautama y Sanat Kumara para estar aquí y ahora, preparados en esta época para estar provistos de la armadura de luz, la comunidad, la unión y el enfoque absoluto, apartando todo lo demás por este único compromiso:

> Guardar la llama de la Libertad Cósmica en la Tierra hasta que vinieran los refuerzos cósmicos gracias al imán de vuestro ser, guardar la llama de la Libertad Cósmica en la Tierra por los de inferior evolución, que no podrían soportar el día de la aparición del enemigo.

En los muchos miles de años que habéis estado aquí, otros afluentes de metas menores han competido por vuestra energía. Por tanto, hoy vuestra energía llena muchos tiestos, muchas causas, propósitos y actividades en las que estáis involucrados.

Aumentad la conciencia del Cristo Cósmico de la Libertad

Hay cierta cantidad de luz que fluye desde vuestra poderosa Presencia YO SOY por el cordón cristalino para mantener la Llama Trina de la Libertad que arde sobre el altar de vuestro corazón. Pero esta cantidad de luz no aumenta hasta que vosotros aumentáis la conciencia del Cristo Cósmico de la Libertad a través de la llama trina de vuestro corazón. Por tanto, como en un grifo de agua, solo puede pasar cierta cantidad a la vez en un día dado. Al dirigir allá donde lo hagáis partes de esa energía, tendréis un poquito menos para esta tarea.

Como inversores inteligentes, considerad, pues, cómo vais a extraer de esta corriente cristalina, cómo la vais a dirigir; y sabed que *la conservación de la vida en cordura y en el sendero de la unión espiritual con Dios es la razón de ser más importante.* Todas las demás actividades deben apoyaros para lograr esta meta. Todas las demás actividades no esenciales que no conduzcan a esta meta deberían despacharse.

Que os podáis encontrar en mi corazón hoy meditando en ser una madre cósmica, un padre cósmico de la Llama Trina de la Libertad para las evoluciones de luz de esta Tierra y más allá.

He permanecido con vosotros durante eones, amados, con mi antorcha alzada en lo alto. Con todo el fervor de mi ser, al haber venido de las profundidades de nirvana, os doy la antorcha de la Libertad que es iluminación del Cristo Cósmico multiplicada por amor, multiplicada por poder, elevada a la potencia de la pureza de la Madre Divina.

Que podáis aguantar hasta el final. ¡Que podáis ser victoriosos en Dios en la Libertad Cósmica que YO SOY EL QUE YO SOY!

[ovación de pie de 1 minuto y 2 segundos]

2 de julio de 1988
Corazón del Retiro Interno
Rancho Royal Teton
Park County (Montana)

CAPÍTULO 6

Serapis Bey

La meta: victoria en la llama trina

El medio: maestría sobre la línea seis

¡Serafines de Justinius, apareced en el nombre de Serapis Bey!

Por tanto, millones de serafines se reúnen en el planeta Tierra; y yo estoy aquí, vuestro Jerarca del Cuatro Rayo y del Templo y la llama de la Ascensión.[1] Saludos desde la llama viva de la Madre Divina que YO SOY EL QUE YO SOY donde estoy, *¡aquí!*

[ovación de pie de 41 segundos]

Sentaos sobre vuestra Llama Trina Cósmica.

El don de Dios a través de Cosmos[2] no tiene precedentes, y puede que nunca sepáis hasta que estéis ascendidos qué ímpetu habéis recibido para llegar a ser bodhisatvas.

Con esta acción, pues, yo, Serapis, puedo asumir mi lugar en la línea seis, si me lo permitís. [«¡Sí!»] Y estaré ahí con mi espada, amados, pues esta espada tiene muchos nombres y vibraciones según la esgriman nuestros grupos. Por tanto, vedla como Excalibur, flor de lis, el sello distintivo de la victoria de la ascensión.

Ahora, pues, ¿qué habéis recibido? Ímpetu para dominar la línea seis de la armonía Divina, de la llama de la ascensión, del fuego sagrado, de la pureza de la Madre Divina en el chakra de la base de la columna y por consiguiente en todos los chakras por encima de él.

Iniciaciones para la maestría de la armonía Divina

Puedo venir, pues, como representante de Cosmos y del Dios Armonía para daros iniciaciones tanto dentro de mi retiro como allá donde os encontréis para lograr la maestría de la armonía Divina, para nunca más entreteneros con la lástima por vosotros mismos, los estanques de lástima, las palabras de arroyos balbuceantes de autojustificación.

La muerte misma es el abuso y la consecuencia del abuso de este chakra. Por tanto, amados, es un manantial de vida eterna para quienes celebran la vida, pero también es una fuente de muerte para quienes celebran los rituales de muerte.

Ahora pues, amados, mi meta *para vosotros* no es que logréis la maestría sobre la línea seis, pues esta maestría, de la que debéis apropiaros, es un medio hacia una meta; y el medio es el fortalecimiento, el equilibrio y la maestría a través del Sendero Óctuple de esos ocho pétalos de la cámara secreta del corazón.[3]

Cuando la cámara es fortalecida por quienes comprenden la plenitud (por quienes debieron hacer caso de lo que la Mensajera les recordó al comienzo de la década, que la década de los ochenta es la década para la maestría del Sendero Óctuple y para que se completen los ciclos), y cuando, por tanto, ese chakra de ocho pétalos también es fortalecido, el corazón puede expandirse, la llama trina del corazón puede expandirse.

Porque, amados, la llama del corazón expandida recibe los ataques del mundo y la conciencia del mundo, y el chakra del octavo rayo es la armadura y el escudo. Y a medida que se expanda la llama trina, la cámara secreta del corazón se expandirá. Y esta es la meta, doble, que yo, Serapis, hoy os pongo delante.

¿Creéis, pues, que la llama trina, cuando es elevada hasta alcanzar vuestra estatura, no provocará también que esa cámara se convierta en el Huevo Cósmico? ¡Sí, así es! ¿Creéis que ocho Budas no vendrán y se manifestarán en esos pétalos cuando hayáis equilibrado y expandido lo suficiente esa llama trina? Sí, así es.

Confiad en la Madre, amadla y obedecedla

Por tanto, sin la maestría de la llama de la Madre en la línea seis, sin el verdadero deseo de disolver todas las diferencias [desarmonía] entre vosotros y todas las madres y la Madre Divina, no puede haber entrada a la cámara secreta del corazón.

El Buda que os enseñará en esa cámara es devoto y Amante Divino de la Madre. El Buda no recibe en el Sendero Óctuple de iniciación a hijos de los hombres, hijas de la Tierra, que aún sientan antagonismo, envidia o desconfianza subconsciente con respecto a la Madre Divina. Y si no confían ni aman ni obedecen a la Madre a la que pueden ver, ¿cómo amarán a quien no pueden ver?[4]

Las perfecciones o imperfecciones de uno no son el factor determinante en el mérito del amor de uno. Uno ama el *principio* de la Madre [de la Maternidad Cósmica: de Dios como Madre], el manto, el cargo y el alma de la Madre, encarnando día a día más de esa llama.

Por tanto, amados, esta es la clave de la línea seis de Sanat Kumara,[5] que es portador de la llama de Gurú y como consecuencia de la llama de la Madre. Sabed, pues, que la Madre Divina es la clave para entrar al corazón de Dios en el centro del ser y que Buda es el Padre y que uno se acerca al Padre a través de la Madre.

Ofreced una intensa devoción a una Maestra Ascendida

Durante el proceso de transmutación y disolución de mundos de karma con varias figuras maternas, os exhorto a que escojáis a una Maestra Ascendida, como la Virgen María, Kuan Yin, la Diosa de la Libertad, y le ofrezcáis una devoción tan intensa a esa imagen y a esa llama que a través de ese corazón podáis disolver toda separación de la Madre del Cosmos.

Al desear llevar esto a cabo, amados, siempre que el fervor sea intenso, podéis decidir dar esta devoción a más de una. Lo que se necesita, sin embargo, es que se le ofrezca una devoción intensa a una; y entonces, si podéis aumentar y multiplicarla al encarnar también la llama de otra, ciertamente deberíais hacerlo.

Por tanto, Kuan Yin, la Virgen María y la Diosa de la Libertad os presentan su corazón con este fin, como lo hacen las miembros del Consejo Kármico: Porcia, Madre de Acuario; Palas Atenea, que blande la espada de la Verdad; Nada, ser de Amor y la alquimia del amor para la sanación.

En la comprensión de los siete rayos, pues, abrazad a vuestra Madre y sed libres. Sed libres de ir al centro del reloj cósmico, el centro de la conciencia del Cristo Cósmico, para hacer las rondas y así tener permitido subir, paso a paso, por las iniciaciones de los cinco rayos secretos.

Estas no llegarán de manera simultánea. Pero si examináis vuestra gráfica, observaréis que cuando salís del centro de vuestro reloj llegáis a la puerta de la línea siete, la puerta de la Diosa de la Libertad y los Señores del Karma, que dan el visto bueno a vuestras peticiones para entrar ahora en las iniciaciones de los cinco rayos secretos del Espíritu Santo.

Buscad el equilibrio de la llama trina en el chakra de la sede del alma

Por tanto, os digo que en el chakra de la sede del alma debe haber presente una suficiencia de luz y equilibrio de la llama trina en la línea y en el alma para que empecéis la primera iniciación de los rayos secretos. Al buscar esto con toda diligencia, os pondréis al día en los ciclos de catorce meses[6] y por consiguiente estaréis en sincronía con la acción de iniciación en el mundo, con los que sostienen la llama con Serapis y con todos los miembros de la jerarquía de esta aceleración de la Tierra.

Para que conste, lo vuelvo a decir, la década de 1990 os pondrá el desafío de demostrar vuestra maestría por el poder del «tres por tres», llama trina equilibrada de la Presencia YO SOY, del Santo Ser Crístico y de vuestra llama del corazón. Síganse las meditaciones del corazón de Saint Germain con ese fin.[7] Según deseéis y ofrezcáis devoción a la llama trina de la Libertad en cada línea del reloj, estaréis acumulando un impulso para los cuadrantes, para la maestría de los cuatro elementos y con este propósito de tener el equilibrio para entrar en las cinco franjas de los rayos secretos.

Elevad la luz de la Madre para repeler a los extraterrestres

Las violaciones genéticas a este planeta por parte de extraterrestres, patrocinadas por ángeles caídos y dioses Nefilín y una escala descendente de su creación de hombres mecanizados, son violaciones de los cinco rayos secretos. Una humanidad en la infancia y subdesarrollada, por tanto, no ha demostrado aún la capacidad de oponer resistencia, de ningún modo, a esta violación.[8]

Yo, Serapis, predigo que cuando elevéis esta luz Divinamente determinada de la Madre y veáis el rumbo establecido ante vosotros como primordial: *No pasarán. No prevalecerán. No desharán ni se apoderarán.*

Porque se los mantendrá a raya con las varas de luz de los hijos e hijas de Dios que han hecho las paces con la Divinidad en forma de la Impersonalidad Impersonal, de la Personalidad Personal, la Personalidad Impersonal y la Impersonalidad Personal de Dios.[9]

Oh alma de lo más amada, contempla el espejo cósmico y conócete tal como eres de verdad. Así, conociendo de verdad a tu Yo Verdadero, triunfas en la llama trina. Os bendigo a todos.

[ovación de pie de 28 segundos]

2 de julio de 1988
Corazón del Retiro Interno
Rancho Royal Teton
Park County (Montana)

CAPÍTULO 7

La Virgen María

La Mediadora de la Plenitud Divina

Vuestro logro sustentado por la llama de vuestro corazón

«No os dejaré»

Oh amados de mi corazón, recordad que el Padre me llamó, y al haber sido llamados Rafael y yo a ese trono y recibido la comisión de entrar en los portales del nacimiento en la Tierra para dar a luz al Cristo, el Cristo de Jesús, eso no fue solo para dar a luz a ese Hijo de Dios, sino que fui enviada para buscar a todos y cada uno de los que habían venido con Sanat Kumara, los portadores de luz ungidos en un principio por Dios que habían perdido sucesivamente la percepción de Sí mismos como ese Cristo, cuya autoestima había disminuido de algún modo por el roce con ángeles caídos de corazón vacío.

Sabed, pues, amados, que el Padre me envió como una Mediadora[1] de la Plenitud Divina. Y al tener permitido acercarme más a la Tierra, hasta el punto de que mis lágrimas se ven en mis estatuas e imágenes,[2] podéis comprender que, de verdad, a través de mi corazón, podéis lograr una unión diaria con vuestro Ser Crístico. Sin embargo, benditos, no sin esfuerzo, pues en esta hora, y de ahora en adelante, veis que esta creciente marea del mar del plano astral dificulta más la elevación de esa cuerda, esa cuerda vital conectada con mi corazón, y el que yo os la dé.

Pero os digo que el poder de mi salutación, «¡Ave María!; Ave, *¡Ma-Ray!**» y el mantra, «en el Corazón Inmaculado yo confío», es grande. Esto, combinado con la ciencia de la Palabra hablada, su ejercicio al invocar la llama violeta del Espíritu Santo, aumenta vuestra capacidad de mantener y fortalecer el lazo con mi corazón y de este modo, el lazo con vuestro Ser Crístico. Sabed, amados, que mi misión las veinticuatro horas del día es devolver al portador de luz y al niño del corazón de Dios esa unión tan necesaria.

Espero, y tengo la afectuosa esperanza, ruego y rezo al Padre por vosotros, que aumentéis tanto vuestro deseo de estar conmigo, de ser mis hijos e hijas en el mismísimo sentido que Jesús lo es, que pronto tengáis una presencia tal de mi aura a vuestro alrededor que podáis ser el corazón abierto con el que muchos puedan entrar.

Busco en los estudiantes de los Maestros Ascendidos a representantes que puedan llevar a los portadores de luz a un nivel de comprensión más alto que aquel al que están limitados en su ortodoxia y el dosel de esa ortodoxia, que limita el que atraviesen ese techo etéreo hacia todas las grandes jerarquías del cielo y hacia la percepción suprema de ser ungidos para ser ese Cristo.

La intercesión está sujeta a vuestra obediencia a la Ley

Así, amados, vengo con gran consuelo, pero consciente de que el consuelo está en la ley del Consolador, cuya ley del Espíritu Santo se os ha explicado desde el corazón de los Elohim del primer y tercer rayo. Incluso mi intercesión está sujeta a vuestra

**Ma-Ray: Ma* 'Madre', *Ray* 'Rayo'. (N. del T.)

obediencia a los requisitos de la Ley, para que la Palabra hablada del rosario pueda ser vuestro instrumento hacia y a través de mi corazón.

Para quienes son incapaces de mantener el lazo con el Santo Ser Crístico de ninguna otra forma, yo represento el acceso al remedio. Por tanto, he dado esas palabras para que muchos puedan rezar a la Madre Bendita, diciendo:

> Oh, Virgen Bendita, al tener nosotros acceso a ti como remedio, recibe nuestra alma y nuestro corazón y átanos a nuestro Salvador vivo, Cristo, el Señor de Jesús y el Señor de todos los que han ascendido a mi Dios y a tu Dios. Oh, Madre Bendita, óyeme en esta hora en que rezo tu rosario para ti y a través de tu corazón para Dios y a través de tu corazón por todos los portadores de luz de esta estrella oscurecida.

Benditos seáis quienes tenéis un impulso acumulado de oración y servicio y en las cosas de Dios en uno o más de los siete rayos, pues vuestro impulso acumulado es lo que multiplicará una y otra vez vuestras oraciones diarias ofrecidas en cada uno de los rayos de la Presencia de Dios.

Os diría, amados, que hasta cierto punto todas las arcangelinas de los siete arcángeles y los arcángeles de los rayos secretos y del octavo rayo están muy cerca con su poder intercesor. Pero os han advertido que debéis poner atención en cualquier figura de la Madre en los reinos ascendidos y desarrollar vuestro impulso acumulado a través del corazón de esa Madre.[3] Esto se debe, amados, a que por todas las evoluciones en samsara, por todos los que deben afrontar y pasar por el plano astral y todos los seres Crísticos que con Jesús descienden al infierno una y otra vez, es la Presencia del YO SOY EL QUE YO SOY de la Madre Divina personificada en las huestes angélicas, en los seres ascendidos y cósmicos, la que proporciona el medio para entrar al corazón de la Trinidad y a las octavas superiores del Espíritu.

La unión con la Madre Divina se convierte en un medio para atraer al Padre

La unión con la Madre Divina cuando se os aparece en nuestras varias manifestaciones establece en vosotros el campo electromagnético de la polaridad divina de la Madre. Y ese poderoso imán que tiene el coeficiente menos se convierte entonces para vosotros en el medio de atraer al Padre, de ahí la plenitud divina y de ahí el escape del tiempo y el espacio, que atrapa desechos astrales.

Por tanto, amados, me llaman la Mediadora de la Plenitud Divina porque la sanación del quinto rayo siempre llega cuando por mi llama o por la llama de la representante de la Madre Divina más cerca de vosotros, atraéis la presencia del rayo masculino y del Padre y, por tanto, tenéis un círculo de unidad con el que sois inmunes, inmunes a las condiciones de la carne, al deterioro de la carne y a la propia muerte. Y esa inmunidad es una inmunidad del alma que puede extenderse a la mismísima forma, igual que en las vidas de los santos sus cuerpos se conservaban más allá de la transición, emitían perfume y se convertían en un foco también para conducir esa luz de reinos espirituales.

Guardad la llama del rayo femenino por el planeta

Con Rafael, somos uno. Y vuestros llamados para el fortalecimiento de la dispensación del afianzamiento de Fátima y del retiro de Fátima aquí[4] os servirán de mucho al guardar la llama y al mantener esta propiedad física limpia y despejada, al mantenerla pura con vuestra conciencia y vuestra vida para mantener el rayo femenino de un planeta y su gente hasta que el foco del lago Titicaca se convierta en el foco del rayo femenino en la octava física otra vez. Por supuesto, ya sabéis que los retiros del Dios y la Diosa Merú y el Señor Himalaya no se mueven, no cambian y siempre hacen latir los rayos masculino y femenino de la Divinidad, pero lo que más se necesita en la Tierra en esta hora es sustentar en la octava física estos rayos.[5]

No sin reflexión por parte de Dios Todopoderoso se estableció aquí el Retiro de la Madre Divina, que a vosotros os parece como la Ciudad Cuadrangular sobre esta propiedad.[6] Por tanto, ese retiro os ha atraído tal como vosotros habéis atraído al retiro, para que en este lugar y en esta Tierra esa manifestación sea el equilibrio que millones de personas necesitan en la hora de sus iniciaciones personales y planetarias.

Con el Buda en vuestro corazón y el Buda en el Corazón del Retiro Interno,[7] recordad siempre y decid: *«Por gracia de Dios y solo por su gracia, ¡Virgen María, no fallaremos!»*. Y, benditos, después de mi nombre podéis insertar los nombres de los Maestros Ascendidos, ángeles o Elohim que queráis, cuya dulce presencia está en vuestro corazón y vuestra mente y en cuyo nombre podéis decir con Dios en vosotros: *«¡No fallaremos!»*. Es un fíat, amados; aparta el fracaso y crea un vacío que solo Víctory puede llenar.

Invocad un estado de plenitud de las alturas

Tal como manda nuestro cargo, Rafael y yo os sellamos ahora en la forma de pensamiento curativa.[8] Que los mantras curativos os encuentren, como ocurre con los mantras de la Madre Divina, en un estado de plenitud invocado desde las alturas, que día a día se convertirá en vuestro logro y será sostenido por vuestra llama del corazón, no solo por las de la jerarquía celestial.

Esta es la alegría del pasado, el presente y los futuros devenires, para que todo lo que invoquéis de Dios como don y gracia sea algún día vuestro logro, pues habéis visto y conocido el sentido de la medida del que hablaron los Elohim y habéis puesto el punto de mira en ese sentido de la medida con respecto a aquellos de nuestros reinos que han respondido a vuestros llamados a diario, hasta que *vosotros,* como el llamado respondido, estéis en el estado de logro por el cual el Dios de arriba en verdad se haya convertido en manifestación como el Dios de vuestro corazón.

Así, construid esferas concéntricas de cuerpo causal alrededor de esta forma y sabed que yo, el Señor tu Dios, la poderosa Presencia YO SOY en Padre y en Madre, ¡no os dejaré! *No os dejaré. YO SOY quien está con vosotros siempre, hasta vuestra realización del rayo femenino.*

Ahora vuestra Mensajera retrocede para el cumplimiento de las promesas, todas las promesas, todas las promesas otorgadas a su cuidado por la jerarquía de arriba y los discípulos de abajo, que también conocen su corazón como el nexo mediante el cual podéis entrar en vuestra Cristeidad.

11 de octubre de 1988
Rancho Royal Teton
Park County (Montana)

CAPÍTULO 8

La Diosa de la Libertad

El misterio de la llama trina

La gloriosa imagen dorada del Buda

«¡Escoged la vida, no la muerte!»

Oh, hijos e hijas de la Libertad, vengo. Porque yo también he andado estas millas igual que Saint Germain se marchó de la ciudad de Washington y, arropándose en su capa, caminó hasta el Retiro Interno.[1] Esta es una caminata que me encanta, amados. Y así, mientras recorro andando las millas de los Estados Unidos con mi antorcha, también analizo el corazón de la gente y las escenas de la vida, elementales angustiados y ángeles que aún lloran.

Por tanto, amados, aquí estoy esta noche, pues aquí también está mi hogar. Y en la conciencia cósmica de la Libertad pongo el imán de mi Presencia, aquí, en polaridad con «el Ser Dulce», el Ser Cósmico de arriba.[2] Que la Libertad en este altar atraiga y baje esa llama de Justicia Cósmica. Y que la Justicia y la Libertad sean adornadas por la Misericordia y el Corazón Compasivo, el Corazón Inmaculado de María.

Que la Madre universal Omega haga llover la luz de esta celebración de la concepción de los Estados Unidos de América y que esa luz sea el acercamiento de la Madre Divina y que abra su camino. Porque quienes aman a la Madre recibirán el néctar de su luz del chakra de la coronilla; y quienes desprecian a la Madre y su progenie[3] sentirán sobre ellos la presión del juicio de la Madre.

Así, es una hora solemne, amados, y, por tanto, deseo hablaros. Tomad asiento en el corazón de la Llama Trina Cósmica de la Libertad.

Defended la llama de la Madre de la Libertad

¿Puede cualquiera de vosotros olvidar en toda la eternidad la figura de la diosa blanca, la «Diosa de la Democracia», en la plaza de Tiananmen, cómo representó la esperanza del mundo por un cambio?[4] Y la esperanza del mundo, amados, era que se restaurara la llama de la Madre Divina de Lemuria. Estos pueblos antiguos también recuerdan a Mu; también recuerdan los días pasados cuando la Madre Divina estaba entre sus hijos en la Tierra. ¿Quién puede olvidar en toda la eternidad el momento en el que esa estatua la derribaron los tanques y todo el mundo contempló el aplastamiento, la desintegración de algo que había defendido una nueva libertad?

En su alma y su corazón, amados, ellos también me conocen y también conocen a Kuan Yin y a otras portadoras de la llama de la Madre.

Benditos corazones, los terroristas que tienen incluso los elementos para fabricar ojivas nucleares y desde luego la mala intención contra lo que ellos consideran como unos Estados Unidos horrorosos y satánicos, ya han puesto el ojo en sus «mirillas» y han puesto el «punto de mira» en mi estatua en la bahía de Nueva York.

¿Queréis comprender, amados, que la llama de la Libertad y

la Madre de la Libertad están siendo asediadas por las hordas del infierno en esta hora? Os digo esto y os pido que defendáis mi llama. La llama de mi antorcha es la llama de la iluminación del Cristo Cósmico.

Amados, yo sostengo la antorcha del Cristo Cósmico, Maitreya, y del Señor del Mundo, Gautama Buda. ¡Esta es la «nueva tierra!».[5] Esta es la Tierra de los Budas y vosotros sois bodhisatvas que interiorizan la llama de la Madre para que también podáis llegar a ser el Buda, el Buda Interior, que ya sois.

La llama de la Libertad, por tanto, expandida en la Tierra, puesta ahí como una Llama Trina Cósmica por dispensación hace un año,[6] la odian los caídos. Y su aumento, amados, los pone furiosos. Los pone furiosos hasta la locura. Su blasfemia no tiene límite y su profanación llega hasta las profundidades del infierno.

La Orden del Lirio Dorado es la orden de la llama trina

Por tanto, amados, vengo para pedir que consideréis la Orden del Lirio Dorado,[7] que habéis celebrado con todas vuestras energías viernes tras viernes en vuestras sesiones dedicadas de tal manera a la pureza de Dios en vosotros, como medio de ayuda a muchas almas en transición, entre ellas la vuestra. Recordad, la Orden del Lirio Dorado es la orden de la llama trina que se ha convertido en el fuego blanco de la ascensión en quienes protegen y guardan esa llama en equilibrio en su corazón.

Que la llama trina llame vuestra atención cada viernes por la noche de ahora en adelante. Buscad el equilibrio de la llama en vuestro corazón, amados. Llamad a vuestro Santo Ser Crístico para que sobreponga su llama trina perfectamente equilibrada a vuestro corazón. Porque yo vengo y deseo venir cada viernes para iniciaros a través de la llama trina; pero vosotros debéis tener la llama equilibrada, amados, si deseáis recibir mis iniciaciones.[8]

Por consiguiente, trabajad para lograr ese equilibrio con los decretos, pero también en vuestra vida. Observad qué falta en las cualidades de estos tres atributos divinos y procurad llenarlos, trabajar con ellos y observar dónde os podría faltar voluntad, fuerza, fe o poder y la protección de Dios. Llenadlo. Observad dónde falta sabiduría y dónde no se está buscando la verdadera iluminación de modo que la puerta por la que podrían entrar los Budas Dhyani sigue cerrada por el pecado de la ignorancia.

Observad, amados, cuándo podríais haber sido más bondadosos o amables, haber dado más de vosotros, ofrecido consuelo, ayuda y un verdadero sostenimiento del fuego del rayo rubí para producir el alineamiento de los que son permisivos consigo mismos, los que se engañan a sí mismos, los que se ciegan a sí mismos. Estad dispuestos a defender a vuestro hermano y a defender el amor y a no dejar que esa persona se desvíe hacia la permisividad y le haga perder el día a Morya.

Equilibrad la llama trina

Benditos, no hace falta que seáis clarividentes para saber qué penacho tiene que elevarse. Siempre el más corto, amados, elevad el más corto. Porque la ley de la llama trina dice que los otros dos deben descender hasta el mínimo común denominador, porque la llama trina desea sobre todo el equilibrio. Por tanto, perderéis lo que obtengáis si está desfasado con respecto a la necesidad más urgente del momento, que es equilibrio, y, por tanto, si no eleváis el nivel más bajo del yo hasta el nivel más alto del yo.

Con frecuencia, amados, las personas simplemente no pueden reunir la voluntad, la determinación o la fortaleza de autocorregirse en esas áreas en las que tienen poco desarrollo del alma. Y, por consiguiente, en vez de perseguir lo que les falta, continúan aumentando las áreas en las que tienen los puntos fuertes y así se desequilibran más y más, y eso no es un verdadero construir. Porque la verdadera iluminación no existe a menos que esté acomodada y soportada por el fuego de hacer la santa voluntad de Dios y por el amor, el milagroso amor de Cristo.

Por tanto, veis la fragilidad de la mente carnal y el intelecto humano lo cual no está basado en la iluminación profunda, porque no existe el amor ni el amor de la voluntad de Dios que lo soporte. Y así son las cosas, amados; sin sabiduría y una fe verdadera no puede haber amor divino, sino un irrisorio sentimentalismo, un humanismo sin divinidad.

Hallad alegría en la santa voluntad de Dios

La divinidad, cuando se encuentra en el cáliz de lo humano, puede florecer. Pero, amados, uno debe poseer esa dicha y esa bondad que se interesa por la envoltura humana a fin de renunciar a sí misma y entregarse al cáliz del alma, el corazón y el Cristo para ser capaz de contener la divinidad de la Presencia YO SOY. Tomad a las personas en el punto en el que os las encontréis y llevadlas un poquito más allá con amor, con iluminación y con un ejemplo como el que Morya os da de su profunda devoción a la santa voluntad de Dios.

La voluntad de Dios es como un tesoro que un niño busca y al encontrarlo se llena de alegría y regocijo infantil. Amados corazones, hay un momento en el que habéis rezado por la voluntad de Dios y la voluntad de Dios se manifiesta en vuestra vida, y es algo perfecto y maravilloso. Y todas las cosas por las que habéis tenido esperanza, que creísteis que la voluntad de Dios no las reconocía, se producen. Es como hallar un tesoro, y merece la pena esperar por él y decretar por él y buscarlo, tal como ha merecido la pena esperar todas las vidas buscando a El Morya.

Sé que deseáis no perderlo y, por tanto, he venido, he venido con el amor de una madre por mi hijo El Morya y todos los hijos del cielo. Vengo amados, porque sé que vosotros también deseáis elevaros a esa talla de ser el Maestro Ascendido que es un amigo de luz. Bien, sed el chela que es un amigo de luz e incorporad vuestra propia automaestría paso a paso.

Amados, la Libertad que se invoca por la cual los prisioneros se liberan es la Libertad que está donde está Cristo.[9] Allá donde está la llama de la Madre de la Liberad, el Cristo nace, y allá donde el Cristo nace, está lo Anticristo. Y las fuerzas del aborto en los Estados Unidos hoy encarnan la crueldad de lo Anticristo. Y en la sofisticación y la aparente calma de sus rostros, que de hecho oculta el tormento interior y los impulsos acumulados de oscuridad, está la simple frase que es la más grande de las mentiras. Es el supuesto derecho de una mujer a poseer su cuerpo y su derecho a la privacidad *a expensas de la vida que es Dios.*

Vuestra mayor oportunidad es la de dar vida a otro ser

Benditos corazones, esta es la filosofía de las serpientes que a veces asumen los niños de la luz, que deberían ser más inteligentes. Antes que nada, amados, no sois dueños de vuestro cuerpo. Lo tenéis prestado de los Elohim como una vestidura para vuestra alma. Vosotros no habéis creado vuestro cuerpo; por tanto, ¿cómo podéis poseerlo? Tenéis un «arrendador» que os ha permitido rentar espacio en este cuerpo que él ha creado, la casa y el templo que ocupáis; y un día lo desalojaréis.

Y así, amados, precisamente por motivo de vuestro ser es que estos caídos han negado la ley de la vida. Vuestra razón de ser, la vuestra y la de vuestra llama gemela, es ser cocreadores junto con los Elohim con la total responsabilidad Divina de vuestra creación. Todo lo que hacéis, pensáis, sentís y decís es creación vuestra. Pero la mayor oportunidad de todas, amados, que os pertenece debido a que tenéis vuestro ser en Dios, es la de producir vida y dar vida a otro ser en la forma de ese templo corporal creado por los Elohim junto con el cuerpo elemental, el Maha

Chohán, la Virgen María y los ángeles de la forma, los ángeles de la mente, los ángeles de la individualidad, que sirven bajo los grandes Señores de la Forma, de la Mente y de la Individualidad.

Por consiguiente, comprended, amados, que vuestra razón de ser primordial y original es la de ser cocreadores de vida con esa Vida que es Dios. Y con ese fin la Madre Divina os ha dotado de fuego sagrado, y es realmente sagrado. Y de ese fuego sagrado, los componentes materiales, incluso la semilla y el óvulo, están dotados de una conciencia Divina, de otro modo, amados, esto sería una simple reproducción de una especie o del hombre mecanizado como algo paralelo a los animales, que no animan a Dios en su creación.

Pero los hijos y las hijas de Dios han salido, amados, para ser cocreadores y, por tanto, este don de crear debe mantenerse como el don de Dios que se debe honrar, que se debe respetar. Por tanto, es responsabilidad suprema del hombre y la mujer el que consagren sus cuerpos para dar a los Elohim la oportunidad de crear un templo nuevo para un alma con una misión y un destino. Para los hijos y las hijas de Dios, la vida es consiguientemente santa y la pueden vivir en el Sanctasanctórum.

Los caídos consideran el aborto como su derecho

Estos caídos y las serpientes encarnadas, amados, a quienes Dios ha juzgado y que sienten la maldición de su propio mal sobre sí mismos (quienes debido a la guerra que llevan a cabo contra Dios y su Cristo han perdido su llama trina), que no aman a su progenie, sino que solo viven para usar la luz que puedan conseguir de otros para consumirla en sus lujurias,[10] están llenos de razones para exigir el aborto y para tenerlo a pedir de boca. Porque a ellos no les importa nada la vida que es suya y sienten un odio, un odio intenso por Dios y su progenie que está sembrado en la creación que producen para adornar su ego. Sabiendo, pues, que están separados de la Luz,* saben que su progenie no tiene Luz. Y, por tanto, consideran el aborto como su derecho simplemente porque para ellos significa terminar con el principio de la creación de un cuerpo que no tiene ni alma ni chispa divina.

No los sigáis. No los imitéis. No sigáis su filosofía. No se han sometido a Dios Todopoderoso, sino que han desafiado incluso a los Elohim. No se quieren poner como cocreadores bajo de los Elohim para traer al mundo al ser Crístico; porque al haber negado al Cristo, el Cristo se les niega a ellos.[11] Y si por ventura tuvieran el karma de traer al mundo a un portador de luz, benditos corazones, seguro que lo abortarían para no darle la culminación del desarrollo de su sistema genético y la mente carnal desarrollada y a veces la evolución superior del cerebro.

Por tanto, vemos a los ángeles caídos que han creado al hombre mecanizado impío, y desean controlar la propagación de este hombre mecanizado. De hecho, consideran que el hombre mecanizado se les ha ido de las manos en este cuerpo planetario y que tales personas han sido educadas por portadores de luz. Se han mezclado con los niños de la luz y han asumido una devoción al Dios único y verdadero. Y ellos, [esta creación robótica], en algunos casos se han ganado una llama trina, a la que sus creadores ya no tienen acceso. Por tanto, sus padres sin alma se ponen furiosos al perder el control de su progenie, cuya devoción por la llama Divina ahora desbanca a sus lealtades humanas o a los Nefilín.

El aborto como control de natalidad es inaceptable para los hijos y las hijas de Dios

Las gentes del mundo se han multiplicado hasta el punto en que pueden derrocar a sus señores y a sus falsos creadores. Por consiguiente, estos señores Nefilín y falsos creadores, es decir, los ángeles caídos encarnados, son los líderes del movimiento a favor

*El potencial de lograr la Cristeidad individual por haber sido dotados de la chispa divina.

del aborto en todo el mundo, un aborto para limitar el número de hijos de la luz en la Tierra camuflado como un aborto para el «control demográfico». Por tanto, los Elohim consideran la utilización del aborto como medio de control de natalidad algo absolutamente inaceptable para los hijos y las hijas de Dios.

Siempre se da el caso de que las filosofías y los argumentos de los caídos se pronuncian para convencer a quienes ellos creen que son masas ignorantes a que hagan lo que ellos quieren, incluso el impío hombre mecanizado. Y así, muchas veces los niños de Dios aceptan sus mentiras serpentinas, los cuales deberían ser más inteligentes. Y las aceptan, amados, debido a un deseo exacerbado, debido a una ignorancia deliberada, debido a la codicia y la avaricia, debido al ego, el orgullo y la lujuria.

Por tanto, todos los venenos de los Budas Dhyani,[12] cuando están presentes en los hijos de la luz y no se extirpan, los ciegan ante las traicioneras mentiras serpentinas de estos caídos que están pensadas no solo para limitar a su propio hombre mecanizado, de quien temen que se levante con ira y los derroque, sino también para limitar la productividad de los hijos de la luz y que la Tierra no se cubra de portadores de luz.

Buscad las iniciaciones de los Budas Dhyani

Por tanto, amados, quienes deseen mantenerse libres de la vulnerabilidad ante los caídos deben buscar con prontitud los misterios y las iniciaciones de los Budas Dhyani. Vosotros podéis vigilaros a vosotros mismos, amados, a través de vuestro Santo Ser Crístico, a través del ojo interior del alma que lo sabe todo, a través del Ojo Omnividente de Dios que está focalizado en el chakra del tercer ojo. Y podéis observar y podéis llamar a vuestro Santo Ser Crístico y al Buda interior para que os enseñe dónde están presentes esos venenos y cómo podéis extirparlos y sustituirlos con la gloriosa imagen del Buda dorado.

Allá donde veáis corrupción en el yo de otra persona, sustituidla con la imagen gloriosa del Buda dorado y ved a ese Buda sonreíros desde esa persona, desde los chakras, el yo o la conciencia. Veáis lo que veáis en otra persona o en vosotros mismos que sea imperfecto, amados, cuando lo veáis, ved al Buda dorado resplandeciendo, ved al Buda dorado resplandeciendo, y ahí tendréis la respuesta del Buda. Y veréis la transformación y veréis al Buda salir de esa persona para iniciaros, para abrazaros, ¡para poneros sobre la cabeza la corona de la vida eterna!

Ved a Maitreya allá donde vayáis. Ved a Maitreya en los cuerpos, las casas, los templos, las personas más insospechadas. Mirad, Maitreya viene y viene con diez mil santos, como Sanat Kumara viene con diez mil santos,[13] así como Gautama, así como Jesús.

Por tanto, amados, llegamos al misterio de la llama trina. Este es un cáliz poco común. Cuando está expandido y en equilibrio, contendréis más Luz* y con rapidez. Y a medida que la llama trina se expanda, desearéis poseer una maestría de adeptos más grande sobre el cuerpo físico y, por consiguiente, os haréis más sensibles en todos los sentidos, más sensibles al cuerpo y a su estado. Y os alegraréis de practicar la alquimia, y es una alquimia muy precisa, de seleccionar las sustancias para vuestra sanación.

¡Médicos, todos, sanaos a vosotros mismos! El Buda es el Gran Médico que os sana. Convertíos en el Buda. Entrad en el Buda. Que el Buda entre en vuestro corazón. Sanaos a vosotros mismos. Os encomiendo a vuestro deseo de ayunar. Y es verdad que ha de equilibrarse. Por tanto, que el viernes sea, amados, un momento en el que al ayunar expulséis de los recovecos del cuerpo las entidades que están afianzadas en focos de toxicidad, acidez y el estado acídico. Cuando esos estados hayan desaparecido, amados, no tendréis la química física que retenga a las entidades. Por eso es tan necesario comprender la purificación

*Más conciencia Crística.

de las toxinas mediante el fuego, el agua, la Sangre de Cristo, el pan sagrado, la Comunión.

Escoged la vida, no la muerte

¡Oh, corazón vivo de Gautama! Ved ahora cómo pasan muchos seres cósmicos por este sitio. Ved ahora, amados, el gran cuidado de la Madre Divina de todos.

Os pido que me ayudéis, amados, a conservar la llama de la Libertad contra el asalto de las fuerzas de la muerte. ¿No imaginó Moisés este momento cuando os predicó su último sermón, a los hijos de Israel, a los líderes? Escoged la vida, no la muerte.[14] ¿No es esta la receta que debería devolver a todos su cordura?

Benditos, nunca le devolverá la cordura a la progenie del malvado, pues el pecado original, que es *su* pecado original de rebelión contra Dios, *es locura.* Y desde el momento de esa rebelión, la persona permanece en estado de locura hasta que llega el momento de abandonar esa rebelión, hincar la rodilla, invocar la ley del perdón e invocar la llama violeta con la que uno es lavado de la locura por el Espíritu Santo.

Por tanto, los gobernantes de este mundo, los ángeles caídos, todos ellos, están locos. Lo habéis visto, lo habéis sabido: la locura en la plaza de Tiananmen, la locura por parte de los líderes de la Unión Soviética y los Estados Unidos. Allá donde vemos a los dioses Nefilín, vemos la locura que proviene del primer orgullo que engendra la primera rebelión.

Por tanto, amados, no se convertirán con la orden de Moisés de escoger la vida, no la muerte. Han jurado enemistad eterna hasta su propio fin, la segunda muerte.[15] Y esta ley del libre albedrío y las últimas consecuencias para cada corriente de vida que tiene su ejercicio es lo que muchos seres espirituales excelentes del planeta Tierra no han visto o no quieren ver. Y, por tanto, su iniciación en el sendero de la iluminación Búdica debe detenerse hasta que estén dispuestos a afrontar la fuerza del Mal absoluto y sus efectos encarnados en los ángeles caídos y en el yo irreal de su propia creación, llamada «morador del umbral».

Podríais estar a tan solo unos momentos de vuestra victoria

Puesto que ese morador, amados, sabe que será consumido en cuanto equilibréis y expandáis hasta cierta altura vuestra llama trina, ese morador está interesado en procurar que se os mantenga en desequilibrio, que os metáis en actividades que no sirven para el equilibrio de la llama trina sino que perjudican. Extinguir esta llama Crística, esta llama Búdica, es la intención y la razón de ser del morador del umbral.

Algunos de vosotros habéis dado pasos sorprendentes para disminuir al morador en este «síndrome de disminución del morador». Benditos, continuad. ¡Continuad! Porque estáis a tan solo unos momentos, en muchos casos, de vuestra victoria. Y la estrella de seis puntas de Víctory, que indica dos llamas trinas, la que está arriba y la que está abajo, amados, la estrella de Víctory es esa chispa divina dentro de vosotros. ¿No es esta la llama de Morya y Saint Germain? ¿No es esta la llama producida por nuestro Dios, que produce la infinita variedad de individualidades y la individualización de la llama Divina?

Oh amados míos, defendamos la chispa divina de la Libertad. Defendamos esa presencia en la Tierra. Porque lo que habéis visto en la plaza de Tiananmen, la destrucción de mi imagen, es lo que las fuerzas del infierno quieren producir en este planeta cuando produzcan la guerra y la destrucción en la Tierra, si es que los ciclos kármicos llegan a eso y no son devorados antes por la llama violeta.

Esa es la intención, amados. ¡Y os pido que procuréis que con vuestros llamados la llama de la Madre Libertad no desaparezca de la Tierra! Porque estoy profundamente preocupada de que si mi presencia se negara en la Tierra y si hubiera una cooperación por parte de las masas ignorantes con los caídos para eliminar la libertad en nombre de restaurar el orden o restaurar una economía destruida, en el nombre de asumir el control de una sociedad en caos, si la libertad se pone a un lado y se suspende para que haya un control de «emergencia» por parte de un Gobierno mundial totalitario, puede ocurrir, amados, que mi dispensación de permanecer en esta Tierra se termine.

Benditos corazones, conociendo vosotros vuestra propia valía en Dios al guardar la llama de la que sois portadores, yo también sé que mi voto de bodhisatva de quedarme con esta evolución tiene un gran valor cósmico para todas las evoluciones del planeta al prestar ayuda al Señor Gautama al iniciar con la llama trina de mi corazón a todos los que nacen aquí, en los Estados Unidos, o a los que vienen aquí. Por tanto, juntos fortalecemos esa llama por Saint Germain, cuya flor de lis es la llama trina de la Madre Divina que florece eternamente.

Matar a la progenie es matar a la Madre

Benditos corazones, estas fuerzas tiranas sienten un odio profundo hacia la Madre en todas las formas, hacia cada Maestra Ascendida que sea portadora de la virtud que ella tiene. Y, por tanto, para matar a la Madre, matan a su progenie. Porque matar a la progenie, amados, es matar a la Madre. Y lo que muerte dentro de la Madre es la llama Crística naciente en el vientre, que es el templo dentro del templo de la mujer.

Os apremio a todos, pues, como hijos e hijas de la Libertad, a que revirtáis las fuerzas contrarias a la Libertad de este planeta con Saint Germain el sábado por la noche. Que reciban el desafío en todas partes. Y que los abusos de la Libertad, como los abusos de las Cuatro Libertades Sagradas,[16] sean desafiados. Aprended a ver, saber y analizar cuál es la fuerza contraria a la

Libertad constantemente. La habéis visto. Y esta es mi «llamada a las armas» en mi recapitulación sobre el discurso de la Mensajera de hoy acerca del ataque a la Sangha del Buda en Occidente.[17]

Y lo mismo es cierto, amados; porque estos monjes y devotos del Buda en Oriente han tenido una llama del corazón y un lazo del corazón conmigo muy fuerte. La llama de la Libertad es de hecho lo que estos locos de China han querido destruir al matar al cuerpo. Pero no pudieron matar al alma. ¡No pudieron matar el logro! ¡No pudieron matar la chispa divina! Solo pudieron impedir que se manifestara en el cuerpo físico de la Tierra. Por tanto, ahora veis a 1.2 millones de corrientes de vida del Tíbet[18] [sin cuerpo] buscar un hogar en el refugio del Buda.

Cuánta necesidad hay, amados, no solo de la comunidad del Espíritu Santo, sino del perfeccionamiento de la comunidad para que algún día pueda ser duplicada país por país a medida que vayan apareciendo las dispensaciones de Acuario. Y si aparecen, amados, será por causa vuestra y de vuestro ingenio, vuestro llamado y vuestra llama trina equilibrada.

El equilibrio es la clave para que os acepten en el sendero del discipulado

Benditos, cuando equilibráis la llama trina camináis con Budas y bodhisatvas. Camináis con quienes vienen como emisarios del Ser Dulce, cuya esfera está sobre vosotros. Recibís a ángeles de la dulzura y la luz. Porque la presencia del Buda y esa dulzura y esa paz siempre es señal de una llama trina equilibrada, que por necesidad debe ocupar un cuerpo que esté equilibrado, cuerpo, mente y alma y corazón, espíritu. El equilibrio en todas las cosas es la clave para que os acepten en el sendero de discipulado hacia Cristo, del bodhisatva hacia el estado Búdico.

Confío, amados, en que me conozcáis en la persona de talla amazónica y luz que tiene mi presencia, que también me recordéis como la Madre Divina cerca, cerca como el girar de la llama trina de vuestro corazón. Y esa llama, amados, empieza a girar y a girar solo cuando está equilibrada.

Ahora, en este momento, os sello otra vez en la Llama Trina Cósmica de la Libertad.

Esa Libertad no desaparecerá de la Tierra; ¡yo, la Diosa de la Libertad, prometo mi antorcha a la victoria de esta Sangha del Buda! Hecho está. Y esto solo puede hacerse por vuestra ofrenda realizada, amados, pues esa es la Ley. Ante ella me inclino y a ella obedezco.

5 de julio de 1989
Rancho Royal Teton
Park County (Montana)

CHARITY

CAPÍTULO 9

El Arcángel Chamuel con querubines protectores

Abrid vuestro corazón a Dios

La iniciación de la perforación del corazón

¡Del corazón de Dios YO SOY quien ha venido!

Oh pueblo de luz, hijos del Sol, abro mi corazón para que vuestros corazones puedan abrirse.

¿Los vais a abrir ahora para vuestro Dios, para vuestra Presencia, para el Cristo vivo en vosotros?

[«¡Sí!»]

Os pregunto esto, amados, porque muchas personas de la Tierra, incluso quienes en el pasado llevaron la luz de Dios, por el dolor causado por todo, le han cerrado su corazón a su prójimo, a los ángeles y a Dios.

¿No habéis sabido del Cordero de Dios, inmolado desde el principio del mundo?[1] ¿No habéis sabido, amados, del Cristo crucificado?

Sabed esto, pues: el Señor Cristo, vuestro Mentor y Salvador, no cerró su corazón ante la crucifixión, sino que abrió ese corazón al mundo, de hecho, desveló su Sagrado Corazón como el medio para la retribución divina del Amor, Amor que sale para separar lo Real de lo irreal, Amor que sale como juicio a los ángeles rebeldes para que los hijos de la luz puedan ser libres.

Comprended, amados, que evitar la iniciación de la perforación del corazón significa evitar el sendero de Cristeidad personal. Y este es el Sendero del que deseo hablaros en estos momentos, porque verdaderamente es el sendero del amor divino, el amor del Cristo y del Buda compasivo, mediante el cual conquistaréis al yo y a todo lo que os ataca.

Preparad vuestro corazón para recibir el corazón de Cristo

Por consiguiente, no temáis. No temáis, mas *ved ahora* el Sagrado Corazón y pedid que el Sagrado Corazón de vuestra Presencia Crística descienda sobre vuestro corazón. Pedidle ahora a vuestro Señor Jesucristo que su corazón conozca al vuestro como estando unido al suyo. Preparad vuestro corazón para recibir el corazón de Cristo, Cristo dentro de vosotros, Cristo fuera.

Sí, amados, no temáis la perforación del corazón. La Madre María conoció la perforación del corazón, igual que tantos santos que escogieron sufrir por un tiempo la carga de la condenación del mundo para poder entrar en la llama de honor cósmico, que vosotros conocéis como la llama de la ascensión.

Comprended, amados, que existe una alquimia del corazón que debéis conocer. Deseo hablaros de ella: En el corazón hay una caldera de llama violeta. Y en esa caldera hay transmutación del dolor. Si no teméis al dolor de llevar una parte de la carga del karma del mundo, yo, Chamuel, os prometo que el dolor del corazón puede transmutarse en la alegría de la vida eterna, ¡en verdad la alegría del Christos en el corazón!

Un corazón cerrado se convertirá en una piedra

Por tanto, sabed esto: que quien cierre el corazón ante Dios y el hombre descubrirá que su corazón se habrá convertido en una piedra, un corazón de piedra en efecto, sin misericordia ni amor ni compasión, sin aflicción, sin alegría, sino simplemente una piedra.

¿No es esto temor?

¿No es esto una expresión de ira contra Dios?

¿No es esto apartarse para tomar parte del cáliz del Cordero de Dios inmolado desde el principio del mundo?

¿No es Cristo inmolado en vosotros para que la puerta de la resurrección se os pueda abrir?

No temas dar el siguiente paso en el Sendero. Porque hasta que no des ese paso, amado corazón, no abrirás la puerta para otros, miles y después millones, para que se armen de valor y den ese paso.

Por tanto, yo, Chamuel, con Caridad, os enseño el gran misterio del amor y cómo los fuegos del amor que se envuelven dentro del fuego del propio ser pueden devolveros incluso del don de la inmortalidad.

¿A quién llamará Dios inmortal? ¿Al corazón de piedra o al corazón que está dispuesto a ser puesto a prueba, a purificarse, a blanquearse y restituirse al cáliz vivo de la llama de Dios?

Que el amor os guíe

No os conforméis con llevar vuestra llama trina de una altura de tres milímetros, que apenas basta en vuestras devociones para mantener la plenitud, la sanación y la verticalidad en vuestro templo. Os digo, amados, si deseáis aumentar el fuego en el altar del ser, uníos a los arcángeles del amor divino ¡y dejad que el amor os guíe y os lleve a donde no queréis ir!

¿Confiaréis en el Arcángel Chamuel y Caridad para que os

guíen en el sendero del Amor eterno? Os ruego, decídmelo. [«¡Sí!»]

Entonces, amados, sabed que toda ausencia de confianza en varios niveles de vuestro ser tiene su origen en el momento no en que Dios dejó de tener confianza en vosotros, sino cuando vosotros dejasteis de tener confianza en el Dios Padre-Madre. Entonces el temor y la duda se deslizaron y entraron. Y puesto que no podíais confiar en vosotros mismos para aferraros a Dios pasara lo que pasara, invertisteis esta psicología, si se la puede llamar así, y empezasteis a desconfiar de vuestro Dios Padre-Madre.

Bien, amados, en realidad en Dios no existe ninguna desconfianza; solo existe la desconfianza en uno mismo.

Por consiguiente, analizad ahora conmigo, si queréis, con el fervor del Espíritu Santo (y con los querubines protectores que ahora están conmigo a la derecha y a la izquierda de la Mensajera), el sendero con el que se deshace la desconfianza, empezando con vuestra desconfianza en vuestro Yo Superior, así como en vuestro yo inferior.

Sustituir con luz la energía cualificada negativamente

Debéis pedir sin temor los fuegos purificadores del amor divino y saber que nosotros, los del tercer rayo, venimos como exorcistas en el sendero de los Budas del rayo rubí. Y estamos preparados, si vosotros lo estáis, para quitaros vuestro temor y vuestra duda, pero no hasta que tengáis el valor de sustituirlos con un amor interminable y absoluto.

Nosotros vemos los patrones en la Tierra y los patrones de las almas. Venimos, y al ponernos ante vosotros, presentes de una forma tan tangible, sabed que nuestros ángeles de la llama viva del amor divino vienen en respuesta a vuestro consentimiento silencioso y dado libremente. Ahora ponen su presencia sobre vosotros para ver qué os apesadumbra, para poder eliminarlo.

Cada vez que los ángeles vengan a bendeciros, amados, debéis comprender que pueden quitaros solo aquella cantidad de energía cualificada negativamente que podáis sustituir con luz. Estad preparados, pues, cuando estéis ante la presencia de arcángeles. Porque los arcángeles siempre buscan quitaros el bagaje innecesario que tengáis, aquello que no forme parte de vuestra realidad, y sustituirlo con alguna esencia de vuestra Cristeidad personal y vuestra llama trina.

No todos estáis preparados para sustituir con luz lo que quisiéramos llevarnos. Por tanto, nos llevamos algo de cada uno de vosotros y llenamos los espacios en blanco con el impulso de oración y devoción a Dios que podáis haber acumulado a lo largo de los siglos, por poco que sea, tal como sea. Por tanto, en un sentido de la palabra, no existe igualdad niveladora, porque solo con mérito y esfuerzo personal es que recibís las iniciaciones de Dios a través de los arcángeles.

Podríais considerar recitar los mantras y las oraciones mientras vais y venís de este sitio. Porque todos y cada uno de nosotros que vengamos a serviros, diciéndoos la Palabra de Dios, os ofreceremos las bendiciones que podamos daros de acuerdo con la Gran Ley según la medida de devoción de vuestra alma por Dios durante los siglos.

Invocad la llama violeta

Benditos, no es frecuente en los miles de años de historia de la Tierra que los arcángeles hablen a través un mensajero. Y, por tanto, algunos de vosotros, en vuestro deambular en este planeta, no nos habéis oído en muchos largos siglos.

No temáis estar en nuestra aura otra vez. Porque ante nuestra presencia sentiréis las ondulaciones del aura del Sol Central, de donde hemos descendido para dirigirnos a vosotros. No os preocupéis si sentís el estímulo de luz o incluso el despertar de ese elemento de dudas sobre uno mismo o lástima por uno mismo o alguna oscuridad así que se os haya pegado por el camino.

En efecto, *podrá despertarse,* ¡pero igual de pronto podéis echarla a la llama violeta para que se transmute! Y, por tanto, aunque no hayáis recitado nunca una oración a la llama violeta, simplemente seguid las palabras que tenéis en vuestro librito de los *Ángeles* y derramad vuestra devoción en ellas, y conoceréis cierta emisión y libertad.

Buscad del desarrollo del corazón

Amados, pedimos que asistáis con constancia a estas sesiones este fin de semana[2] y el siguiente para que podamos ayudaros y podáis tener la impartición de luz de los siete de nuestro grupo. Sí, venimos a realizar un servicio. Porque también estamos agradecidos por todo el bien que habéis podido llevar a cabo, algunos de vosotros aún en un estado sin despertar, otros en un estado a medio despertar y otros cerca del estado de un despertar total en el que podéis ver con el ojo interior las glorias supremas del cielo. Pero esa visión necesita que también veáis las profundidades de la muerte y el infierno, donde se encuentran aquellos que han abusado del amor divino y lo han vuelto odio y lo han vuelto un abuso a la vida.

Por tanto, no busquéis pronto la vista del tercer ojo, mas buscad pronto el desarrollo del corazón con el que, cuando ya veáis con claridad, el corazón sea esa fortaleza de luz capaz de soportar tanto las vistas de lo impresionante de Dios como las de la infamia de los abusos a la energía de Dios por parte de los ángeles caídos.

La misericordia templa la justicia de la Ley

Ahora ved como los querubines protectores dan a todos en la Tierra que tengan un sentido de la medida con respecto a Dios, la llama de la justicia, la llama de la misericordia. La misericordia es el factor mitigador de la ley de Dios y de la intensidad del fuego que se derrama de esa llama del arca de la alianza al ascender desde el propiciatorio.[3] La misericordia, pues, que templa la justicia de la Ley: este es el equilibrio que mantienen los querubines.

La justicia de la Ley exige su precio a todos. Y en un regreso cíclico los querubines y las legiones de Chamuel y Caridad vienen. Por tanto, no os sorprendáis de ver también los juicios cíclicos de los ángeles caídos, que son desatados por un tiempo[4] y muchos tiempos en segmentos de decenas de miles de años. Y así, amados, se vuelven petulantes y dicen: «¡Mirad! Podemos hacer las obras del Mal y no nos castigan». En efecto, no son castigados con la frecuencia con la que lo son los niños de Dios; porque tienen cierto tiempo y después el Juicio, y después ya no existen.

Por tanto, Chamuel y Caridad y los querubines regresan. Y esta es la ronda cíclica para nosotros. Porque la misión con la que venimos en esta hora es una misión que llega una vez cada diez mil años. Por tanto, el ciclo regresa y otra vez damos el juicio a ciertos ángeles caídos que no se han arrepentido de sus actos y que han hecho estragos en la sociedad y entre la gente.

Como resultado de este juicio, puede que veáis un cese de ciertas condiciones que perturban y provocan a vuestros jóvenes y niños. Las tentaciones que tienen (y en algunos casos su ingobernabilidad y rebeldía contra los padres) ha sigo aumentada por los ángeles caídos. Aun así, que padres y maestros examinen su corazón con respecto a la responsabilidad que puedan tener en este asunto.

Haced llamados a los siete arcángeles

Ahora pues, si quisierais cooperar con esta misión nuestra, que es muy seria, hacednos llamados, a los siete arcángeles y especialmente a Miguel, Príncipe de los Arcángeles, a quien obedecen todos los ángeles del cielo. Pedid legiones de ángeles, porque somos los exorcistas de amor divino, para atar a los demonios que os han quitado de los brazos a vuestros hijos y los han puesto en las calles, en las pandillas y en situaciones que perturban a vuestra alma y al alma de los padres de todas partes.

Si quisierais contribuir a esta causa, haced llamados al Arcángel Miguel y a nosotros para atar a las fuerzas opuestas al amor y para la protección de los jóvenes, yendo nuestras legiones de luz del Sol Central en esta hora al rescate de los jóvenes de los Estados Unidos y del mundo.

¡Entramos por amor divino! Y cuando tengamos la cooperación de los hijos y las hijas de Dios iluminadas, como vosotros, que tenéis la determinación de que Dios puede vencer estas circunstancias en la Tierra, entonces nuestras acciones pueden multiplicarse muchas veces a través de la ciencia de la Palabra hablada, a través de la oración y la devoción y a través de vuestra determinación de que estos ángeles rebeldes no logren lo que quieren, no destruyan las almas de jóvenes, niños y los de esas edades, sino que a estas almas se les devuelva la cordura de la mente de Dios que conocieron en el pasado.

Yo, Chamuel, con Caridad y los querubines protectores, ahora vamos. Nos dirigimos en anillos concéntricos de luz siguiendo los radios de un gran círculo hacia cada rincón de la Tierra. Que vuestros corazones se inclinen a la oración por el rescate de estos niños y por refuerzos cósmicos de ángeles provenientes del trono de Dios para que pueda haber una cosecha de la cizaña y que el trigo pueda volver a echar raíces, crecer, prosperar y llenar la Tierra.

La luz del Cordero de Dios saldrá de vosotros

Recordad, el Cordero de Dios también está dentro de vosotros, pues ese Cordero es el Hijo de Dios y el Cristo vivo. Recordad, por tanto, vosotros que lleváis al Cordero en vuestro pecho, que está escrito: «Este es el Cordero inmolado desde el principio del mundo».

No temáis la perforación del mundo, porque con el derramamiento de sangre viene la remisión de los pecados.[5] Y me refiero a la luz del Cordero de Dios que saldrá de vosotros por haber soportado persecución por todo el pueblo de Dios. Y a través de eso habéis conocido a la presencia viva de esa llama del arca de la alianza, que es la llama de amor viva. Y con ello, gracias a los querubines protectores que vienen a protegeros a vosotros y a la Mensajera de Dios, entráis en la dicha de Dios y aún camináis por la Tierra.

Oh pilares de fuego vivo, me dirijo a vosotros: ¡Invocad a vuestra Presencia YO SOY y vivid para ver esta Tierra cambiada por completo! *No* es demasiado tarde. No os desaniméis, mas conoced cómo todas las legiones del tercer rayo os dan aliento y encienden vuestro corazón.

Todos se inclinan ante la luz de Dios en vosotros.

19 de febrero de 1993
Park Inn International
Minneapolis (Minnesota)

CAPÍTULO 10

La Diosa de la Libertad

Afrontad los desafíos de vuestra vida: sed maestros de vuestros impulsos acumulados

Imprimid el patrón de la llama trina en vuestro corazón

¡En el nombre de la Libertad YO SOY quien ha venido! Y esa libertad es la libertad de todo corazón y toda alma en la Tierra.

Yo, la Diosa de la Libertad, toco los corazones de toda la humanidad. Y en aquellos en quienes la Llama Trina de la Libertad[1] se ha apagado, imprimo el patrón de la llama, su antiguo recuerdo encerrado en el corazón de los hijos y las hijas de Dios. Y, por tanto, amados, en el camino de la vida cada alma en la Tierra puede intentar atraer esa llama otra vez, multiplicada por el poder, la sabiduría y el amor de la llama trina de las personas encarnadas que no han extinguido esta llama, sino que guardan la llama de la vida.

Esta es la meta de los Señores del Karma: dar a todos quienes tienen vida y aliento en esta octava, y a quienes se mueven en otras octavas en la transición llamada muerte, la oportunidad al final de esta dispensación de Piscis de que se les restituya esa llama trina de la vida si se encuentran entre quienes han provocado que se les apague.

El significado del título de «Guardián de la Llama» nunca ha sido tan relevante, tan oportuno, tan pertinente, amados. Porque guardar la llama es clave para el avance de la era y la inauguración de la dispensación de Acuario. Y es esencial con el fin de ayudar a quienes deben buscar en el Espíritu Santo que se les vuelva a encender la llama, para que no se queden mirando mientras su alma perece.

Esto significa que todos vosotros, que os llamáis a vosotros mismos Guardianes de la Llama, debéis recordar que debéis hacer llamados a diario por toda la gente de la Tierra para que se restituya la llama trina, para que se vuelva a encender por el Espíritu Santo y para que se eche fuera el pecado y el sentido de pecado que hace que tantos se sientan indignos de tener la llama de Dios que arde en el altar de la cámara secreta del corazón.

YO SOY la Diosa de la Libertad. Y vengo a encenderos de una forma más fuerte a vosotros que guardáis la llama. Vengo con una cantidad mayor de fuego sagrado para que podáis llevar a cabo este servicio como hijos e hijas de la Libertad. ¡Por tanto, os doy la bienvenida a todos a mi corazón, hijos e hijas de la llama de la Libertad!

[ovación de pie de 27 segundos]

El cuerpo causal de todos los santos puede contrarrestar la astrología negativa

Benditos, habéis oído hablar de las astrología negativa, los presagios negativos de la megaconjunción de siete planetas en Capricornio.[2] Bien, vengo a hablaros de otra astrología. Se trata de la astrología compuesta por los impulsos acumulados de los cuerpos causales de todos los que forman parte de la Gran Hermandad Blanca, lo cual incluye a Maestros Ascendidos, seres cósmicos, dioses y diosas, ángeles y elementales de luz, *más* todas las almas encarnadas que son siervas de la luz.

Ahora bien, amados, cuando pronunciáis las palabras escritas en los decretos: «en el nombre de todo el Espíritu de la Gran Hermandad Blanca», sabed que estáis llamando en el nombre de todos los hijos y las hijas de Dios y los niños de la luz y las huestes angélicas que forman parte del cuerpo místico de Dios, cuyos cuerpos causales se unen formando uno solo. Y la unión de los cuerpos causales de aquellos que poseen gran logro y que han surgido en todas las épocas y todos los sistemas planetarios y solares... esto crea un gran, gran, gran almacén de luz, amados.

Por consiguiente, os digo que esta es la Ley: cuando os mantenéis en el corazón de la llama, el amor, la sabiduría y la dedicación al uso justo de la voluntad de Dios, cuando os mantenéis centrados en esa llama trina viva de vuestro corazón, entonces tenéis acceso a vuestro cuerpo causal a través de vuestra poderosa Presencia YO SOY. Y cuando tenéis ese acceso a vuestro cuerpo causal, bien, también tenéis acceso a la computadora cósmica de la mente de Dios, que abarca los cuerpos causales de todos los portadores de luz, ascendidos y no ascendidos, por los siglos de los siglos, en los universos Espíritu-Materia.

¿Veis, amados, cómo hay y puede haber una astrología excelente y solo excelente en vuestro cuerpo causal y en el de todos los santos? Toda la astrología negativa se aloja dentro del cinturón electrónico de la persona como karma personal y dentro del inconsciente colectivo de las evoluciones de almas que habitan los hogares planetarios.

Por eso, os vuelvo a pedir en el nombre de los Señores del Karma, en el nombre de cada uno de nosotros que somos siete y que estamos en esa junta gobernante, que invoquéis nuestros cuerpos causales y a los todos quienes forman parte de la Gran Hermandad Blanca para contrarrestar los presagios negativos de esta configuración astrológica. Os pido que hagáis esto, amados. Pedid el refuerzo de toda la gente buena de la Tierra que no tiene el recurso del sendero del fuego sagrado y que no ha entendido las enseñanzas del fuego sagrado como vosotros las habéis entendido.

Ellos tienen fervor en su corazón por Cristo, por Buda y amor por la Palabra viva, y hacen el bien desde su perspectiva. Por consiguiente, que el manto de los cuerpos causales de los portadores de luz descanse sobre ellos y sobre sus casas y sobre sus buenas obras para protegerlos en sus hogares, proteger a sus familias y sus matrimonios y para proteger a sus hijos, para proteger a las instituciones de la sociedad. Y, sobre todo, invocad el poder de los cuerpos causales combinados de todos los seres de luz para atar a las fuerzas del terrorismo y a quienes desean destruir los Estados Unidos —o el cuerpo, la mente y el alma de sus ciudadanos— por varios motivos.

Utilizad la espada del Arcángel Miguel

Por tanto, llegamos otra vez a la necesidad de que hagáis los trabajos de Hércules[3] bajo el Buda del Rayo Rubí, utilizando el exorcismo del rayo rubí. Porque el cuerpo de Dios en la tierra, trabajando al unísono con el cuerpo de Dios en el cielo, debe atar el lado oscuro, el lado negativo de las personas que provocan que incurran en un karma nefasto.

Y cuando utilizáis la espada del Arcángel Miguel para exorcizar a los demonios y los desencarnados de quienes no hacen el bien en la Tierra, no solo podéis detener el caos y los crímenes que cometen, sino que podéis salvar su alma y cambiarlos por el poder del Espíritu Santo. Y empezarán a servir a la luz porque habréis llamado a los ejércitos del cielo para liberarlos de los impulsos acumulados pasados que tienen de sus obras malvadas.

Porque muchos han cometido el mal porque les han puesto las maldiciones mortales de ángeles caídos.

Muchas personas de la Tierra que han sido maldecidos por ángeles caídos eran portadoras de luz. Al llegar este siglo a su término, se acerca la hora en la que muchas almas pueden ponerse en libertad y liberarse de tales maldiciones. Por tanto, llevaos a casa la espada del Arcángel Miguel[4] y usadla con frecuencia y rapidez. Utilizad vuestra espada, amados, y después procurad no volver a crear de inmediato lo que se ha eliminado con vuestra espada cuando el Arcángel Miguel ha entrado en vuestro mundo para liberaros.

Lograr la maestría sobre un único impulso acumulado en vuestra vida

No le deis vueltas a los errores del pasado, ni a los vuestros ni a los de otro, ni a las injusticias que os hayan hecho ni a los trastornos emocionales. Echadlos a la llama y que sean sellados, porque la llama los transmutará. Pero si volvéis a crearlos al dar demasiadas vueltas a las viejas heridas, se convertirán en impulsos acumulados permanentes en vuestro cinturón electrónico y entonces no seréis maestros de vuestros propios impulsos acumulados, sino que estos serán maestros sobre vosotros. Y esto es cierto con respecto a muchas personas en la Tierra.

Ahora os pido que cada uno de vosotros aisléis un único impulso acumulado en vuestra vida sobre el que no seáis maestros, un inconveniente que hace que estéis fuera del recinto de la magnífica conciencia Crística de vuestro verdadero ser libre en Dios. Pensad en ello y decidid en estos momentos, estando ante mi presencia, que lograréis la maestría sobre eso y que detendréis las espirales de ese impulso acumulado[5] y su longevidad en el mundo.

Por tanto, ahora os pido que recéis y que enviéis a mi corazón un misil de luz, implorándome que os ayude a detener la espiral de ese impulso acumulado ahora mismo.

[La congregación ofrece sus oraciones].

Eso es. YO SOY una Madre cósmica. Me llamo Libertad. Recibí la dispensación junto con Saint Germain de poder patrocinar a este país. Todos los que llegan a sus orillas reciben la oportunidad de ganarse, mediante actos meritorios, que se les vuelva a encender la bendita llama trina, recibir esa chispa divina como potencial para lograr a través de ella su inmortalidad. Soy la Madre cósmica que concede este don y soy la que lo retira de aquellos que abusan de él.

Cuando tenéis una llama trina que arde en el altar de la cámara secreta de vuestro corazón y cuidáis de ella, tenéis la marca de alguien que es miembro de la Raza YO SOY. Y este es el significado que tiene al ser un ciudadano estadounidense en el sentido puramente espiritual de la palabra. Pero, amados, hay muchos que han nacido en estos Estados Unidos que tenían esa llama, pero permitieron que se apagara cuando dieron rienda suelta a su ira contra la Madre Divina. Ahora ellos también deben ganársela otra vez.

La llama de la libertad produce unidad y unión

Amados, os digo que la razón más importante por la que la gente de este país puede unirse y estar de acuerdo, a pesar de sus diferencias y sus distintas procedencias, es que yo patrocino la llama de la Libertad para todos los que lleguen a sus orillas y establezcan su ciudadanía legal como estadounidenses. Aunque muchos no están preparados para recibirla, todos son bendecidos por mi patrocinio de la llama trina (con el diseño de la flor de lis) que está protegida en la octava etérica en el Templo del Sol[6] y consagrada como un foco etérico en el Monumento a Washington.[7] La llama de la Libertad produce entendimiento; produce unidad y unión. Haced que siga siendo así, amados. Haced que siga siendo así.

Y cuando veáis fuerzas de terrorismo y terroristas entrar en este país con ningún otro fin que el de destruir aquello que denominan «el gran satanás, Estados Unidos», os digo que debéis reconocer que lo que vive en ellos es la fuerza Anticristo. Esta fuerza debe atarse antes de que pueda salvarse al alma. Nosotros no aceptamos que las personas son inherentemente malas, excepto cuando han sido totalmente exorcizadas de los impulsos acumulados del mal y siguen negándose insolentemente a responder a su vocación en Jesucristo, prefiriendo en cambio, cuando tienen la opción, prometer lealtad a lo Anticristo.

Por tanto, amados, las evoluciones de la Tierra han reencarnado una y otra vez por la misericordia de la Ley para que no se les apague la vela permanentemente y tengan que pasar por la segunda muerte[8] y dejen de existir, por no haber guardado la llama. Por consiguiente, nuestro Dios de hecho ha extendido la misericordia de la encarnación y reencarnación para las personas *casi* para siempre.

Por tanto, está escrito: «Su misericordia es eterna».[9] Sin embargo, finalmente la misericordia de Dios debe volver a los misericordiosos que han sufrido injusticia por parte de quienes se han negado a hincar la rodilla ante Dios Todopoderoso, y debe retirárseles a quienes se aprovechan de la promesa, «su misericordia es eterna», pero sin dar misericordia a la vida. Por este motivo Jesús dictó a la Mensajera sus llamados a juicio. Por tanto, comprendéis quién y qué es el «morador del umbral»[10] y que debéis atarlo para que vuestra alma pueda ser libre y elevarse en la ascensión.

Los servicios del viernes por la noche limpian las ciudades

YO SOY la Diosa de la Libertad y patrocino la Orden del Lirio Dorado.[11] Bajo este patrocinio os reunís para hacer el servicio del viernes por la noche a fin de ofrecer llamados por quienes han abandonado la pantalla de la vida, para que puedan ser llevados a los lugares de descanso que les corresponda, ya sea en los niveles progresivos del plano etérico o en el plano astral inferior para que experimenten los resultados del karma negativo en que hayan incurrido. Y esto es lícito y esto es justo.

El trabajo de aquellos de vosotros que os habéis unido a esta orden es un trabajo muy importante, como os ha dicho la amada Astrea.[12] Y blandir el círculo y la espada cósmica de llama azul cada viernes para limpiar vuestras ciudades, vuestros hogares, vuestras escuelas y a vuestros hijos de desencarnados errantes e incluso del ka astral, es un servicio de suma importancia. Ruego que lo realicéis, amados, porque las ciudades se atoran con los deshechos astrales a menos que los Guardianes de la Llama realicen este servicio.

Muchos ángeles ataviados de blanco, incluyendo los que forman parte de las filas de los serafines, se reúnen en vuestros servicios para fortalecer vuestras diligencias. A vuestras órdenes, ofrecidas en el nombre de Dios, ellos entran en lo profundo del plano astral para rescatar a las almas que no pueden encontrar la salida a sus viejos impulsos acumulados negativos y a las octavas inferiores del plano astral a las que sus impulsos acumulados las han llevado.

Se os ha dicho que los ángeles no bajan a esas profundidades sin las oraciones y llamados intercesores ofrecidos por quienes están encarnados, y así es. Por consiguiente, recordad el llamado y recordad que un llamado de sesenta segundos que ofrezcáis a diario puede salvar a millones de almas de la perdición. Porque vosotros entendéis la ciencia de la Palabra hablada.

Llamad a los Señores del Karma pidiendo intercesión

Os diré que los Señores del Karma también se han reunido para fortalecer a esta comunidad. Por tanto, podéis llamarnos, hacer nuestro decreto[13] y cantarnos para que podamos responder con intercesión divina en todos los asuntos legales. No descuidéis hacer esto todos los días, amados, porque el Consejo Kármico de hecho intercede por todas las personas que estén enfrentando injusticias en su vida. Y puesto que estamos decididos a que esta comunidad y organización sobreviva para cumplir su destino, decimos: invocadnos para que hagamos que así sea.

[aplauso de 13 segundos]

Ahora que esta conferencia se acerca a su fin, quisiera hablaros de la educación de los niños de esta comunidad, así como de la vuestra, de manera específica en lo que es práctico, tanto para ganar poder para mantener a vuestra familia como para afilar las herramientas que ya tenéis de modo que podáis prestar algún servicio que sea necesario a fin de que esta organización se expanda.

Considerad, pues, la invitación a ser discípulos de Jesucristo.[14] Considerad, pues, la invitación a ir al corazón del bendito Kuthumi, que os ayudará a resolver vuestra psicología.[15] Considerad, pues, el llamado a ser chelas de Alfa, de Omega,[16] justamente con el corazón de la Mensajera, justamente con el corazón de El Morya. Considerad el llamado a venir a la Escuela de Misterios de Maitreya para que podáis prepararos y fortaleceros con seguridad para cualquier desafío que podáis afrontar en vuestra vida, aquí o en cualquier otra parte.

Preparaos para ser siervos ministrantes

Hay un momento, un momento que abarca meses y quizá años, cuando la formación que busquéis y la formación mediante la cual os perfeccionéis será la formación con la que lleguéis a ser siervos ministrantes que tomen el manto del Espíritu Santo para liberar a otros, para enseñar a otros, para demostrar a otros el Sendero y la Ley.

Pensad en vuestra vida de hoy en adelante hasta su conclusión victoriosa. Pensad en qué don como talento personal podéis dedicar al uso más eficaz del amado Saint Germain.

Por tanto, venimos para establecer un patrón para el chela individual para el resto de la década, de modo que cada uno de vosotros pueda lograr mucho, para que podáis tocar a muchas almas y podáis también dedicar cierta cantidad de tiempo a servir aquí, en la Sangha del Buda, para que todas esas cosas que han de realizarse puedan realizarse.

Los campos están blancos para la siega.[17]

Todos lo saben.

Los trabajadores de la viña deben presentarse para llevar a cabo las tareas que hay que hacer.

YO SOY la Diosa de la Libertad. Os ayudaré a reorganizar vuestros asuntos para que vuestro plan divino especial pueda estar ante vosotros y ser la prioridad de vuestra vida.

Que esta comunidad brille.

Que esta enseñanza salga.

Que los niños sean libres.

YO SOY quien está aquí, defensora de la libertad del niño y de la libertad de vuestro niño interior de crecer y fortalecerse y llegar a ser la plenitud de la madurez de un hijo y una hija de Dios.

Nosotros de las huestes celestiales estamos todos aquí, amados, y os damos ánimos en el nombre de la Libertad y os damos amor para que afrontéis el desafío de vuestra vida.

[ovación de pie de 26 segundos]

4 de julio de 1993
Rancho Royal Teton
Park County (Montana)

CAPÍTULO 11

La Diosa de la Libertad

Ningún otro concepto sino la victoria para esta era

¡Salve, hijos e hijas de la Libertad!

¡Vengo con el fuego de la santa libertad y os tengo, a cada cual, en mi corazón! [ovación de pie de 16 segundos]

Quisiera hablaros de los planes que tengo para los próximos meses y años. Por tanto, tomad asiento, amados hijos e hijas mías.

Hemos deseado desde hace mucho tiempo que todo este hemisferio se purifique no solo de los registros, sino de la presencia de magos negros y ángeles caídos que han ido contra la nación de Canadá, que han ido contra los de Centro y Sudamérica. Nosotros vemos que todo este hemisferio debe volver a la luz.

Y habéis oído hablar de las enseñanzas del Dios y la Diosa Merú sobre la reencarnación en este continente de Sudamérica de los niños de la luz que una vez estuvieron allá.[1] Y han contado la historia en sus dictados sobre cómo la gente perdió su civilización y cómo cayeron y el sol se puso sobre la era de oro que hubo allá en el pasado. Y sabéis que Amazonia, con Hércules, patrocinó a ciertas personas en esa civilización.[2]

Amados, si nos marchamos de las orillas y las fronteras de los Estados Unidos hacia esos países, debemos teneros a aquellos de vosotros que vayáis a esos países a hablar con la gente y darles el mensaje. Por tanto, encomiendo a los Guardianes de la Llama de Canadá, de Centro y Sudamérica, porque estáis haciendo un trabajo inmenso por la Gran Hermandad Blanca y estáis cumpliendo los sueños más queridos del Gran Director Divino.

Y, por tanto, nos inclinamos ante la luz dentro de vosotros y decimos: seguid adelante y acelerad, y ganaréis. ¡Y veréis a vuestro continente y a vuestros países llegar a esa era de oro incluso en vuestra vida, amados!

[ovación de pie de 16 segundos]

YO SOY la Diosa de la Libertad. También patrocino la era de Acuario. Y también estoy decidida a que esta era logre la victoria. De hecho, amados, ¡no tengo ningún otro concepto, sino la victoria para esta era!

[ovación de pie de 16 segundos]

Que no os preocupe el sensacionalismo en las noticias

Quisiera recordaros, amados, que lo que veis y escucháis en los medios de comunicación con frecuencia es lo más chocante, no necesariamente la belleza de los espíritus de la gente común de todos los países de la Tierra. No se oye hablar de todo el bien y de las cosas maravillosas que hace la gente, y lo habéis visto aquí, en vuestro movimiento.

Cuando los reporteros vienen y ven que lo que estáis haciendo es positivo, muchos de ellos se marchan sin escribir ningún artículo, porque no pueden escribir algo sensacionalista que de algún modo lleve a la mente inferior a acusar, a humillar y a disgustar de alguna manera, pero nunca a transmitir la realidad de la gente de este mundo, que es una gente maravillosa; la gente que sigue al Buda, al Cristo, a Zaratustra, Lao-Tzu, etc.

Sí, amados, por eso nosotros tenemos la sensación de la victoria de la era. Los que hablan más alto son los orgullosos y los que no hacen nada. Los que hablan más alto son aquellos de quienes os sentís avergonzados, en los cargos más altos del país, que traicionan a la gente y constantemente deben pedir perdón o no pedirlo por los malos pasos que continuamente dan en la vía del destino de los Estados Unidos.

Bien, amados, toda la gente maravillosa de todo el mundo suma una cosa, que es la grandeza de Dios y su gente, aunque sea menor en número, esa gente de Dios que tiene cuerpo causal y una Presencia YO SOY y un Santo Ser Crístico, ellos son los que sostienen al planeta. Ellos son los que obtendrán la victoria. Ellos son los que estarán presentes para la plenitud de la era de Acuario, amados. Porque el resto de esos ángeles caídos habrá desaparecido mucho tiempo antes para ir a su juicio en la Corte del Fuego Sagrado.[3]

[aplauso de 19 segundos]

No os preocupéis por el sensacionalismo de las noticias. No os preocupéis, amados. Esas personas están más interesadas en sus índices de audiencia que en llevar noticias importantes a la gente. Por tanto, amados, entiéndase que las cosas no son todo lo que parecen. Y Saint Germain y la Diosa de la Libertad, las huestes del Señor y el Consejo de Darjeeling no han enseñado sus cartas y aún no las han jugado todas.

[ovación de pie de 18 segundos]

Estableced un muro de fuego alrededor de vuestro campo energético

Por consiguiente, yo voy a donde haya un centro de enseñanza, donde haya un grupo de estudio, donde estén aquellos que aún no han entrado en contacto con ellos. Y voy a todas partes del planeta y continuaré con mis visitas y os soplaré para el aumento y el equilibrio de vuestra llama trina. Porque ¿no os he entregado esa llama a todos y cada uno de vosotros junto con el Señor del Mundo, Gautama Buda?[4] En efecto, así es, y yo he guardado esa llama. ¿Creéis que después de todas estas décadas, amados, se me canse el brazo de sostener la antorcha de la iluminación? *Nunca. Nunca,* amados. [ovación de pie de 15 segundos]

De verdad, levanto mi lámpara ante la puerta dorada.[5] Y la puerta dorada es la puerta hacia la octava etérica. La puerta dorada es la abertura hacia estas orillas de inmigración desde todo el mundo para que las almas puedan encontrar el Sendero. Sí, patrocinamos que estén aquí las almas que tienen esa cualidad espiritual y patrocinamos a almas que son muy oscuras y que deben estar aquí para tener otra oportunidad de pagar el karma en que han incurrido. Los Señores del Karma son justos e imparciales con todos, amados. Y por eso hemos dicho que, si alguien está encarnado, nosotros lo hemos autorizado, nosotros hemos dado el visto bueno.

Y aparte de eso, amados, siempre hay ángeles caídos y demonios que buscan encarnar. Y por eso os hemos enseñado a trazar el círculo de unidad a alrededor de vuestra vida y alrededor de vuestro hogar y vuestra familia, para que no se cuele ningún demonio o desencarnado que intente desplazar en vuestro vientre a ese niño de luz y del Cristo que está llegando. Proteged vuestro campo energético, amados, y estableced un muro de fuego[6] a su alrededor; sí, un muro que proteja el santuario más íntimo de vuestro ser.

Siempre hay ángeles caídos capaces de encontrar una vía hacia la vida de bajo nivel, una vida que no tiene integridad, una vida que ha perdido todo contacto con Dios. Y por eso uno encuentra a individuos así encarnados, porque la gente no sabe cómo protegerse para no traer al mundo a corrientes de vida que de hecho no están aprobadas o patrocinadas por los Señores del Karma.

Pensad en esto, amados. Esto es un llamado que podéis hacer para procurar que esos individuos, entidades o ángeles caídos sean atados y no puedan encarnar, especialmente a través de portadores de luz o que no puedan encarnar en absoluto. Porque la ley de Dios lo ha decretado, pero la ley del hombre, en ignorancia, no lo ha detenido y, por tanto, han logrado entrar.

Todo acaba siendo una cuestión del corazón

Ahora, amados, hablemos. Hablemos de la educación del corazón. Yo lidio con el corazón de toda la gente de la Tierra. El corazón tiene muchas facetas. Algunas personas suponen que, por el hecho de haber derivado una conclusión en una meditación del corazón, esa conclusión debe ser correcta siempre porque el corazón siempre lleva razón. Sin embargo, las escrituras dicen que hay corazones malvados, que hay corazones llenos de lujuria, corazones que no son puros. Os llamo la atención a esto porque el corazón puede sentir lujuria por la carne. Y puede que vosotros lo hayáis sentido, aunque no lo hayáis mencionado nunca. El corazón, pues, puede estar lleno de maldad.

Por tanto, cuando consideráis que la cámara secreta del corazón está cerca del corazón físico y también cerca del chakra del corazón, ¿no sería inteligente, amados, puesto que se ha puesto tanto énfasis en equilibrar la llama trina y después en expandirla, es ese orden, que debierais poneros a usar vuestro círculo y espada de Astrea para limpiar el chakra del corazón? Al fin y al cabo, ¿no es ese el chakra más importante, amados, ya que guarda relación con el corazón físico y debéis tener un corazón que lata para continuar en la Tierra?

Os pido que purifiquéis el corazón, que miréis las cualidades positivas de las doce líneas del reloj y las perversiones de esas cualidades[7] y reconozcáis que cualquiera de esas cualidades puede formar parte del corazón. El corazón puede tener grasa alrededor y estar lleno de sustancias tóxicas. Cuando se tiene un corazón así, amados, ¿creéis que el corazón pueda ser un recipiente claro para el corazón de Dios? Pues os digo que no; es imposible.

¿Creéis que podéis expandir la llama trina si el corazón siente lujuria, enemistad o celos? ¿No habéis oído decir: «Tiene un corazón celoso?».

Bien, amados, todo acaba siendo una cuestión del corazón. Y para purificar los recipientes que tenéis, los cuatro cuerpos inferiores, sugeriría que tracéis un círculo alrededor del chakra del corazón y hagáis a diario un parte de las Meditaciones del Corazón de Saint Germain[8] para poder desarrollar el corazón y el amor del corazón y que ese amor pueda llegar a ser tan intenso hacia toda la vida que derrita todos los adjetivos inferiores que ya he mencionado acerca del corazón. Esto realmente es algo sobre lo que reflexionar. No hay ninguna parte del recipiente humano en la que se pueda confiar hasta que hayáis logrado vuestra Cristeidad en este cuerpo. Por tanto, limpiad el corazón.

Vuestra salvación llega a través de la Palabra hablada

Y cuando sintáis que habéis hecho suficientes decretos de llama violeta, Astreas y llamados para el corazón, recordad que lo que yo considero más importante como chakra secundario al corazón es el chakra de la garganta. Cuando el chakra de la garganta se usa mal diciendo infamias y blasfemias, cuando eso lleva la conversación a bajos niveles, hablando de cosas de las que nunca se debería hablar, bien, amados, ¡pensad en qué karma se crea! Lo hemos dicho antes, que la mayoría de la gente incurre en karma a través del chakra de la garganta, por lo que dice y cómo lo dice, si permite que salga la furia o si mantiene a raya todas sus fuerzas para no cualificar mal la energía.

Puesto que vuestra salvación llega a través de la Palabra hablada que se os da para que podáis decretar y llamar a Dios, sugeriría que comprendierais que este es el chakra más importante que tenéis y el don más importante que tenéis, como se ha dicho durante esta conferencia. Si es el don más grande que tenéis y la mejor forma que tenéis de salir y si tenéis que encontrar la salida exclamando los decretos hasta que finalmente lleguéis al mundo celestial, ¿qué vais a hacer si no establecéis con rapidez, ahora, la purificación del chakra del corazón en todos los aspectos, de todas las maneras y formas?

Os pido que continuéis el estudio de vuestros chakras para poder ponerlos en orden de prioridad y a ver qué se os ocurre en base al estándar de lo que sea más esencial para vuestra victoria. Ahora, amados, puesto que estamos animando para que logréis la victoria, esperamos que la logréis y nos quedaremos con vosotros.

Ofreced vuestro mayor talento y ponedlo sobre el altar de Dios

Os recuerdo a algunos de vosotros que debéis evaluar cuál es el mayor talento que podéis poner sobre el altar de Dios. Cuando lo descubráis (cuál es vuestro mayor talento) os pido, si fuera posible, que trabajéis con ese talento y que pongáis ese talento y a vuestra alma ante la Hermandad para que puedan trabajar a través de vosotros.

Os pido que no os metáis en empresas, negocios y actividades de otro tipo que no os den puntos para saldar karma, sino que solo os aprovechan para un aumento del sustento y de bienes materialistas. Podéis tener la dos cosas, amados, pero tened cuidado para que las exigencias que conlleva empezar un negocio no os quiten el negocio supremo, que es el negocio de Dios. Y hoy el negocio de Dios, amados, es llevar a las almas a la luz para que puedan tener su momento igual que vosotros lo tenéis.

[aplauso de 14 segundos]

Por tanto, os hablo de extranjeros ilegales que entran en este país por cualquier punto de entrada, por cualquier zona. Y os digo, amados, que es legítimo tener inmigración y es legítimo que las personas entren a este país de forma lícita. Quienes no entren de forma lícita, amados, ya están incurriendo en karma. Y eso es una pena.

Por tanto, os advierto que, si queréis que la economía mejore, si queréis ver a los Estados Unidos mantener su puesto en la Hermandad, si queréis que eso se mantenga, amados, cuidad de vuestro país. Mientras viváis en ese país y seáis ciudadanos de ese país, dad la vida por vuestra gente. Dad la vida por su victoria.

Sobre vuestro corazón hay sellada una flor de lis en miniatura

Ahora, amados, un regalo de mi hijo Pablo el Veneciano: Pablo el Veneciano pone en vuestro corazón y sella la cámara secreta de vuestro corazón con una flor de lis. Esta flor de lis tiene entre un cuarto de pulgada a media pulgada de altura.* Considerando lo que os hayáis ganado en lo que respecta a equilibrar y expandir la llama trina, ahora tenéis sellada sobre vuestro corazón una flor de lis en miniatura, que es la señal de que habéis aceptado el llamado de la Orden del Lirio Dorado.[9]

Recordaréis que yo fundé esa orden y que os he pedido que recéis cada viernes por la noche para que todas las almas que pasen por el cambio llamado muerte puedan llegar al lugar que les corresponde legítimamente y por derecho. Muchos de vosotros habéis sido constantes en asistir a nuestros servicio del viernes por la noche un año tras otro. Os digo que tenéis innumerables amigos en la octava etérica que están profundamente agradecidos porque los habéis rescatado del plano astral con vuestros llamados.

[aplauso de 12 segundos]

Así es, amados, todos vosotros habéis recibido vuestra flor de

---

*6,3 a 12,7 milímetros. (N. del T.)

lis. Y recordad que, al tenerla, podéis multiplicarla, multiplicarla y aumentarla. Podéis aumentarla si domináis el equilibrio de la llama trina, pues entonces el tamaño de esa llama no tiene límite, excepto la limitación de vuestro amor o la limitación de vuestro amor a la voluntad de Dios y la sabiduría de Dios o la limitación de vuestro amor a la Madre Divina como la esfera blanca que es la fuente de esta Trinidad.

Veinticuatro registros de valiente servicio

Por tanto, amados, os honro. Os honro a todos y cada uno de vosotros en el grado que merezcáis ese honor. Y os prometo que vuestro Santo Ser Crístico merece el honor.

Y también os prometo que, si no os sentís honorables en este momento, llamadme. Vendré y os levantaré para sacaros del abatimiento de la autocondenación y llevaros a la percepción del honor del alma. Y os daré veinticuatro buenas razones por las que os deberíais sentir honorables, pues os enseñaré a cada uno de vosotros veinticuatro registros de valiente servicio a lo largo de las eras. Os doy esto como un regalo, amados, para que conozcáis la gratitud de las huestes del SEÑOR por vuestros sacrificios en todas las eras. [aplauso]

YO SOY la Diosa de la Libertad. Ahora os sello. *Id,* porque tenéis mucho que ofrecer al mundo, mucho más que lo que teníais cuando vinisteis, amados. Por tanto, tomad lo que habéis recibido, id y amad a toda la gente.

[ovación de pie de 36 segundos]

4 de julio de 1995
Corazón del Retiro Interno
Rancho Royal Teton
Park County (Montana)

CAPÍTULO 12

La Diosa de la Libertad

Solo hay una forma de ascender: acelerad cada día de vuestra vida

¡Salve, hijos e hijas de la Libertad! Estoy como la Madre de la Libertad ante esta nación. Y vengo a este sitio, amados, porque me consuela que aquí haya un grupo de almas de luz que conocen el significado de la libertad. Con la alegría de este paraíso donde vivís, tomad asiento.

Por tanto, vengo con un mensaje de amor para vosotros, pero yo también lo introduzco con la severidad del fuego blanco de los Elohim. Los Elohim os han dicho que tenéis los recursos para salvar la Tierra, para ascender. Confío en que leáis y volváis a leer, que escuchéis y volváis a escuchar el dictado de Astrea y Pureza[1] para que no se os olvide nunca que sois importantes. Sois importantes como uno solo, el Dios único que vive en todos nosotros.

Estoy en la bahía de Nueva York. Muchos de vosotros habéis estado al lado de la Estatua de la Libertad o habéis entrado en ella. Esta Mensajera, con nueve años, subió por las escaleras de la estatua, y poco se imaginaba que yo sonreía por la actividad que realizaría en el futuro. Por tanto, eso fue un gran regocijo de mi corazón.

Ahora os digo, amados, para ser dignos de ser Guardianes de la Llama, para ser dignos de estar entre quienes ascenderán en esta vida con gloria y con sus galones, con su sentimiento victorioso y dorado, hay mucho más que podéis y que deberíais hacer. Y por eso os hablo de esto. Eliminad de vuestra vida las distracciones de los medios de comunicación, excepto aquellas cosas que os dan la información necesaria para que hagáis llamados. La grave situación de los jóvenes de este país es enorme. Están apesadumbrados no solo por las drogas, sino por las sustancias del azúcar, el alcohol, etcétera. Hay que formar ejércitos y a vosotros se os considera parte de esos ejércitos. No hay tiempo para la complacencia.

Las verdaderas enseñanzas de Jesucristo

Quizá la gente de los Estados Unidos pueda ser considerada como la más complaciente del mundo. Bien, amados, también está entre la mejor del mundo en la industria, en el amor divino y en el fervor religioso. Pero ¡ay!, no tiene la verdadera religión del Señor y Salvador Jesucristo.

Pero aquellos de vosotros que os habéis quedado hasta la noche habéis decidido que vais a publicar ese libro de Jesucristo para que el mundo pueda saber cuál es su verdadera enseñanza, amados.[2] A Jesucristo le han echado la mala fama de una teología falsa que no se asemeja en nada a la realidad de lo que enseñó. Y, amados, Orígenes de Alejandría expuso las verdaderas enseñanzas de Jesucristo, pero se desestimaron. Y los que no tienen cerebro en la cabeza, esos son los que escribieron aquello que hoy denominamos cristianismo.

Bien, amados, debéis comprender que a menos que los cristianos entiendan el cristianismo, no ascenderán. A menos que aquellos que los dirigen les den la llama del Espíritu Santo como debería darse, no se producirán las ascensiones en masa de estos cristianos.[3] Y cuando llegan a la siguiente octava y se dan cuenta de que deben volver, amados, os digo que su fervor aumenta. Su determinación de formar parte de esta comunidad de repente se convierte en algo por lo que hasta todos se están peleando, para llegar antes en la siguiente encarnación.

Amados, es un crimen de la era de Piscis que debe corregirse. Y esta Mensajera y este personal han decidido servir en armonía para la publicación de ese libro a principios de la primavera. Y estamos agradecidos y decimos: que no se demore ni un momento más con respecto a la hora que habéis escogido para terminar este libro. Y si entre vosotros hay alguien que pueda unirse a las filas y ayudar, debemos deciros que a menos que esta enseñanza se publique, muchos, muchos se perderán para esta ronda de encarnación.

Me pregunto cuántas personas aquí tienen parientes de fe cristiana. Levantad la mano, amados. ¿No sentís el peso de que, en la mayoría de los casos, no podéis transferirles las enseñanzas, las verdaderas enseñanzas de Jesucristo? Porque, de hecho, amados, estas nunca se han escrito correctamente desde el siglo III d. C.

Por tanto, amados, ellos han venido, Teodora y Justiniano.[4] Esos caídos han venido. Y ahí está el dilema. Sabéis que en vuestra familia y sabéis que entre vuestras amistades hay almas de una luz tal como para formar parte de esta comunidad. Sin embargo, no pueden, porque están verdaderamente indoctrinadas por la fuerza siniestra y los ángeles caídos, que han distorsionado de tal forma la verdadera presencia viva de Jesús que apenas hay palabras en las escrituras que Jesús dijera en realidad.

Ahora bien, amados, las puertas se han abierto. Los Manuscritos del Mar Muerto, los textos de Nag Hammadi; estas enseñanzas, amados, ahora están siendo ponderadas, ahora están siendo publicadas. Pero, repito, amados, ¿quién las va a interpretar?

Sabéis que vuestros dos mensajeros son los testigos.[5] Ellos son los testigos de este llamamiento y esta enseñanza de Jesucristo, porque los dos sirvieron con él en aquella época. Por tanto, amados, sabed que la publicación de la verdadera enseñanza de Jesucristo puede ser el trampolín hacia la victoria de todas las almas de luz.

Liberad diligentemente a las almas de luz

Por tanto, rezad. Rezad, pues, para que los falsos pastores no los desvíen otra vez, para que no sientan la obligación de atarse a este sacerdote o a ese ministro, a esta o a aquella iglesia o a esa doctrina en concreto. Sabed, amados, que toda la doctrina debe ser purificada y la luz debe aparecer y el sendero de la ascensión debe enseñarse. Y cada uno de vosotros debéis promover la reencarnación y el karma como columnas gemelas del templo. Benditos, os digo que no hay tiempo para demorarse.

He decidido poner en el retiro de la ciudad de Nueva York un espacio muy grande en el que podamos contar y ver cuántos de vosotros estáis liberando diligentemente a las almas de luz, cómo podéis traerlas a este retiro. Llevaremos la cuenta con vosotros. Determinaremos y sabremos lo duro que habréis trabajado, cuántos llamados habréis hecho, cuántas Astreas, a qué habréis renunciado para poder ascender en el momento de vuestra transición.

Amados, cuento con vosotros y digo: habéis tocado la música que os gusta, habéis bailado. Habéis hecho esto y lo otro y habéis pasado las horas, las vidas, los siglos, los milenios; los habéis pasado jugueteando y sin ningún propósito en particular, sino el de existir. Ahora, amados, yo digo: perseguid ese solemne propósito. Y sabed y recordad que una vez, antes de que la Mensajera llegara a vuestro pueblo o antes de que leyerais los libros de los Mensajeros, no conocíais la verdad del mensaje de Jesucristo. No entendíais.

Ahora estáis sentados en el regazo del lujo. Se os ha alimentado con frutos, los frutos del Espíritu. Y, por tanto, se da la tendencia de decir: «Bueno, conocemos la Verdad. No nos hace falta salir, agotarnos, entregarnos y entregar nuestra vida por otras personas. Ahora conocemos la Verdad. Tenemos la Verdad. Nos sentimos cómodos. Nos podemos sentar y hacer juegos y cosas de todo tipo como entretenimiento».

Bien, amados, yo contaré, pues debo contar. Y debo enviaros un informe cuando os encontréis en una situación peligrosa en la que podáis perder la oportunidad de saldar el 51 por ciento de vuestro karma por haber estado flojos. Y de esa flojera es de lo que deseo hablaros.

Es hora de acelerar. ¡No esperéis!

Es hora de acelerar. Benditos, estos cuatro cuerpos inferiores no tienen la capacidad de acelerar. Es el cuerpo solar imperecedero que estáis tejiendo el que contiene esa posibilidad de aceleración hacia la vida inmortal, esa posibilidad de entrar en la unión con vuestra Presencia YO SOY sin tener que pasaros cientos de años en este o aquel retiro saldando un karma que ya deberíais haber saldado.

Oh amados corazones, este es el momento. Este es el momento de vuestra libertad; y observad qué hora es.* Porque yo, Libertad, estoy aquí hoy de pie por vosotros, con vosotros, y digo: seamos como un solo ejército de luz. Revelemos, revelemos y revelemos con K-17, Lanello y Ciclopea a los fanáticos de este país que no entienden el verdadero significado de la libertad, sino que lo han distorsionado, amados, con su orgullo, su vacío y su nada.[6]

¡No esperéis! No esperéis, amados. Cada día hay almas que no han alcanzado la marca del 51 por ciento, a pesar de haber tenido la llama violeta, y pasan a las siguientes octavas. Cada día hay personas que pasan a otras octavas. Algunas logran llegar a la octava etérica y otras, que no han utilizado de verdad la llama violeta,

*13 de octubre de 1996, 15.55 horas (horario de verano de la montaña)

deben quedarse en el plano astral durante un período de tiempo.

Y os digo que si cualquiera de vosotros de los que estáis sentados aquí o los que estáis escuchando a través de nuestra emisión por todo el mundo creéis que tenga gracia estar en el plano astral, pues bien, os digo, amados, que es un horror de la muerte y el infierno. Y se mofarán de vosotros. Os ridiculizarán. Se reirán de vosotros. Os perseguirán. Y lo sabréis y me diréis: «Diosa de la Libertad, ¿por qué no me dijiste qué cosa tan horrenda es tener que entrar en los niveles del purgatorio?».

Sí, amados, estas cosas sucederán si no aprovecháis aquello por lo que hemos dado nuestra vida, nuestro cuerpo causal.

Soy vuestra Madre cósmica de la Libertad. Estoy unida a Saint Germain. Yo estuve presente cuando él fundó esta nación, estas colonias, y cuando puso su marca en lo que ha llegado a ser los Estados Unidos de América, el país más grande de todo el mundo porque tiene el patrocinio más grande, el de Saint Germain y muchos otros Maestros Ascendidos. Y por eso aquellos de vosotros que habéis venido de otros países habéis escogido vivir aquí, porque habéis comprendido que esta es la puerta que se abre para que entréis por la puerta al cielo.

Ahora, amados, durante un momento de silencio, pensad en vuestras prioridades.

[pausa de 44 segundos]

Contemplad la palabra *aceleración*. Ved los despegues de los cohetes y el transbordador espacial. Lo que ha traído estos instrumentos para la ciencia, estas invenciones, ha sido la aceleración, la aceleración de los conocimientos, la aceleración de la mente y la conciencia, la determinación de que sí, podemos construir. Podemos trascendernos a nosotros mismos. Podemos enviar sondas a Marte.

Sí, amados, la aceleración es la clave de vuestra ascensión. El cerebro debe acelerarse. La mente pensante debe acelerarse.

El corazón, el latido del Espíritu Santo en vuestro pecho, debe acelerarse. No podéis ser como erais en el pasado. Solo hay forma de ascender, que es acelerar cada día de vuestra vida; acelerar, moverse con rapidez, actuar, hacer, reconocer qué tiene importancia, dejar atrás a esos charlatanes que continúan parloteando y parloteando, porque me duele. Y nos duele a aquellos de nosotros que os hemos prestado nuestro cuerpo causal.

Vosotros os encontráis en la posición más ventajosa que habéis tenido nunca: en esta organización, en cualquier iglesia de este siglo y de siglos pasados, durante toda la era de Piscis e incluso antes, en la Atlántida. ¡Tenéis la mayor oportunidad que habéis tenido en miles de años!

Por consiguiente, os digo: soy vuestra Madre cósmica de la Libertad. Debo corregiros porque os habéis entretenido. Y debo encomendaros por todas las cosas gloriosas que también habéis hecho.

Encomiendo a quienes merecen ser encomendados y veo a vuestro Santo Ser Crístico rodeándoos, amados, y es digno de contemplar. Luego veo a otros con mortajas de oscuridad, ya sea porque contemplen la negatividad o por ser parte de esta o aquella película o de esta o aquella actividad que hace que el alma decaiga hasta los abismos. Por suerte, tenéis un cuerpo físico y podéis subir y salir de los abismos. Por tanto, subid hoy. No hay tiempo para esperar.

Caminad como Maestros Ascendidos, pero aún sin ascender

Yo digo: caminad como Maestros Ascendidos, pero aún sin ascender. Caminad con Kuthumi. Caminad con Jesús. Caminad con quienes tienen la llama de la Libertad. Amados, esa llama os llevará. Dejad ahora que esa llama en vuestro corazón se equilibre. No solo dejadla, sino aseguraos de que la equilibráis. Salid y haced un trabajo para elevar el penacho más débil de los tres. Salid y realizad ese trabajo y servicio de forma *abnegada* hasta que sepáis que estáis elevando esa llama, ese penacho de la llama trina que habéis descuidado. No os digáis: «¿Qué me gusta hacer y qué no me gusta hacer?». Hay muchas tareas que hacer; no hay que considerar si os gusta hacerlas o no. Se hacen porque el mundo de los Maestros Ascendidos de seres cósmicos espera y necesita que hagáis esas tareas específicas.

Por tanto, amados, estoy segura de que os amo. Y os pido que me devolváis ese amor inimitable desde vuestro corazón. Os pido que no vaciléis, sino que entendáis que soy un ser cósmico y no bajo mis decibelios por nadie. ¡Porque envío luz! La luz os atraviesa ahora. Atraviesa a todos los que escuchan la emisión y a todos los Guardianes de la Llama y portadores de luz, sin que importe su religión, que tengan la chispa. Envío luz desde este altar. Y este altar de Dios al final es vuestro hogar.

Sí, amados, YO SOY la Madre de los Exiliados. ¿De dónde habéis sido exiliados? Decidme. ¿Os han traído de algún agotado planeta que estaba árido, incluso sin vegetación, agua u océanos? ¿Quién os ha exiliado y de dónde os han traído? ¿Habéis aceptado vuestro exilio en la Tierra o habéis dicho: «Soy un triunfador en esta Tierra?". Soy el ganador con Saint Germain y la Diosa de la Libertad. ¡YO SOY el ganador! ¡YO SOY el ganador! Gano en mi Ser Crístico. Gano en mi Presencia YO SOY. ¡Gano en el Espíritu Santo, porque YO SOY EL QUE YO SOY!»?

Este es el camino, andad por él.[7] No suspiréis. Yo os daré fuerzas. Os daré el impulso acumulado de mi cuerpo causal. Os daré energía. ¡Despertad, pues! ¡Despertad, pues! ¡Despertad, pues, y conoced, oh, hijos del Sol, hijos e hijas de Dios! ¡Poneos de pie! ¡Apuntad a las estrellas!

Estáis en el cruce de caminos de todo este cosmos de la Materia

Recordad que habéis venido de muchas estrellas, de muchos lugares, pero estáis en el sitio, *estáis en el sitio en todo este cosmos de la Materia donde está el cruce de caminos.* Y en ese cruce de caminos, esa cruz del Salvador vivo Jesucristo, desde ese punto ascenderéis o no ascenderéis. A vosotros toca escoger. A vosotros toca decidir. Es vuestro libre albedrío.

¡No seáis estrellas errantes! No seáis como esas estrellas errantes atrapadas eternamente en la oscuridad de las nieblas,[8] mas encontrad el centro de esa cruz de Cristo, de Buda, de Padma Sambhava. Encontrad esa cruz de Gautama Buda y Sanat Kumara. Tomad esa cruz. Vividla. Convertíos en ella. Haceos más yang. Volveos más activos físicamente. Haced esos ejercicios y sed seres libres en Dios, un ejemplo para el planeta, el sistema solar y el cosmos. Porque el Poderoso Cosmos os abraza a todos.

YO SOY la Madre de los Exiliados. Y me siento agradecida por poder enviar al Sol Central a corrientes de vida que han logrado el triunfo, que ahora son los ejemplos para vosotros. Recordad el poder de la Madre de los Exiliados. Tan solo decid la palabra; yo acudo.

Con la alegría de las llamas de vuestro corazón, con la alegría de que aumenten, me marcho. Pero siempre vigilo, siempre vigilo, siempre vigilo.

[ovación de pie de 29 segundos]

13 de octubre de 1996
Rancho Royal Teton
Park County (Montana)

CAPÍTULO 13

Saint Germain

El corazón lo es todo

Para construir para la eternidad, construid la llama trina

¡Salve, Guardianes de la Llama de Dios! ¡Estoy aquí hoy, entre vosotros, regocijándome, regocijándome en el fuego del corazón!

[ovación de pie de 17 segundos]

Venid, y estemos a cuenta, dice el SEÑOR. Por tanto, tomad asiento.

Os doy la llama de mi corazón, mi corazón púrpura de fuego. Ese corazón mío os apoyará. Por tanto, en este momento tomo de mi corazón su propia Presencia Electrónica. La pongo en el corazón de vuestro Santo Ser Crístico. Y entonces, ¿qué veremos aparecer? Veremos el esfuerzo de vuestra alma para entrar en el cáliz de vuestro corazón, para limpiar los abusos del chakra del corazón de doce pétalos, para hacer camino para que el Buda vivo entre en la cámara secreta del corazón.

Sí, amados, poco a poco, según vayáis purificando 1) el chakra de doce pétalos, 2) la cámara secreta del corazón, tendréis incrementos de la réplica de la llama de mi corazón. Y cuando pongáis esencias de mi llama sobre vuestra llama trina, daremos comienzo a esa acción de equilibrio. Recordad que he dicho «daremos comienzo». Debemos hacer esto, amados, juntos. Yo puedo hacer algo por vosotros, pero la mayoría de vosotros debéis hacerlo por vosotros mismos.

Como hemos dicho anteriormente, no hay nada más importante que la llama de inmortalidad Divina. Por tanto, si os conformáis con vivir con una llama diminuta que nunca hayáis expandido –eso nunca ha llegado a ser el corazón magnánimo de vuestro amado Lanello, el corazón de fuego de El Morya en la voluntad de Dios–, bien, amados, hay un viaje que tenéis que realizar. Tenéis desafíos que afrontar.

La llama trina es la esencia de vuestra inmortalidad

Oh amados, cuando aumentéis la llama del corazón y la equilibréis, conoceréis la dotación de poder. Sabréis por qué algunas corrientes de vida no se cansan y dan la Palabra y la Obra. Y estos son los santos de Dios, desde los Himalayas hasta los confines de Japón y las montañas de China hasta África, Europa y todo este hemisferio. Oh, sí, amados, están los que por amor aumentan el penacho rosa. Pero luego estáis aquellos entre vosotros que descuidáis la exactitud de la llama de la sabiduría o que no ejercéis el poder de Dios, la voluntad de Dios, la *intensidad* de Dios, la intensificación de la llama Divina en vosotros.

Hace algún tiempo la Mensajera grabó las Meditaciones del Corazón de Saint Germain.[1] Muchos de vosotros las hacéis. Sigo recomendando que las pongáis al despertaros por la mañana y escuchéis mis Meditaciones del Corazón y las enseñanzas que da la Mensajera. Porque el corazón lo es todo. No existen Maestros Ascendidos, Budas y bodhisatvas que no tengan una llama trina que supere con creces su estatura y que incluso envuelva a mundos enteros. Contemplad esto, pues esa es vuestra estrella del futuro.

Pero en el presente, amados, no importa cuánto lo intentéis, si no equilibráis la llama trina no avanzaréis mucho y con mucha rapidez. Porque la llama trina es la esencia de vuestra inmortalidad. La llama trina es lo único que tenéis de inmortal. Pensad en esto. Si esa llama trina mide tres milímetros de altura, alimentadla, regadla, amadla, expandidla; y a través de esa llama del corazón dad vuestro amor, vuestra alegría, vuestra sabiduría, vuestro enorme asombro por la voluntad de Dios. Comprended, amados, que lo mortal seguirá siendo *mortal* a no ser que vosotros encendáis la llama o que Dios encienda la llama.* Bien, Dios es quien ha encendido esa llama, amados, y el individuo es quien la ha apagado con varios tipos de ira, energías marcianas,[2] etc.

Dios mide el corazón

Ahora comprended, amados, que no hay vida eterna sin la llama en el corazón. No hay ascensión a no ser que equilibréis la llama trina. No hay victoria a no ser que sea la victoria de vuestra inmortalidad. Recordad esto, amados. Lo que quede será la esencia de un alma que posiblemente se haya ganado algo de la vida inmortal, pero no lo suficiente para ascender. Vosotros decís: «¿Cuándo será suficiente?». Bueno, amados, haced más de lo que creáis que sea suficiente. Haced diez veces, cien veces más de lo que creáis que sea suficiente. Porque Dios mide el corazón. *Dios mide el corazón.*

Por consiguiente, amados, ved, al mirar vuestra carne, al mirar vuestros huesos, al mirar el maravilloso cuerpo que tenéis, sabéis que este cuerpo no puede trascender esta octava. Por tanto, amados, veis que lo único que tenéis a vuestro favor es equilibrar

*El uso que hace el maestro del subjuntivo indica que no está garantizado, ni es inevitable, que la llama sea encendida. *Encender* también se puede entender como "someter a la acción del fuego, calentar intensamente, hacer que algo brille con calor; en química, calentar hasta el punto de combustión o cambio alquímico".

la llama trina y hacerlo con la suficiente intensidad para que en esa llama trina eliminéis de vosotros las incrustaciones por los abusos de esos penachos. Los penachos de la llama trina instalados en la esfera blanca de abajo conforman los cuatro puntos de los cuatro cuerpos inferiores.

Ahora bien, amados, ved, si deseáis construir para la eternidad, construid la llama trina. Si perdéis esa llama, amados, reencarnaréis hasta que la volváis a encontrar. Y ningún maestro os patrocinará para que encontréis una llama trina perdida, porque vuestra responsabilidad es guardar esa llama, motivo por el cual he ordenado la Fraternidad de Guardianes de la Llama.[3]

¿Qué llama guardamos? ¡Guardamos la llama del corazón! Guardamos la llama del corazón. ¿Dónde está el combustible para la llama? Dios lo suministra a través del cordón cristalino siempre que la guardéis, siempre que estéis en paz con toda la humanidad, con la vida elemental; paz, paz, amados, en el corazón.

Por tanto, es bueno, está bien contemplar la propia mortalidad. Os pido que la contempléis, pues enseguida veréis que debéis hacer más si queréis garantizar vuestra victoria en esta vida. ¿Y sabéis que vosotros sois los avalistas de vuestra victoria en esa vida? ¡Quién más puede garantizar vuestra victoria! Es *vuestra* elección. Es *vuestro* día. Es *vuestro* momento en el que voláis en solitario atravesando la piedra cúspide de la pirámide, uno a la vez. Solo uno puede entrar en el reino de Dios al mismo tiempo.

Una capa de responsabilidad, de capa-cidad

Así, amados, vengo a vosotros. Porque deseo poner sobre vosotros —y os la pongo ahora— una capa, que no es la réplica de mi capa, pero una capa, no obstante. Y esta capa es una capa de responsabilidad y una capa, por definición, de capa-cidad. ¿Cuál es vuestra capa-cidad? ¿Qué tenéis como estatura como hijo o hija de Dios? ¿Cuál es vuestro manto? ¿Tenéis un manto? No todos tienen un manto, porque no se lo han ganado con actos meritorios en muchas vidas. El manto, amados, es importante, porque es señal de dotación de poder, señal de que vuestro Santo Ser Crístico o un Maestro Ascendido os ha considerado dignos de tener ese manto.

Contemplad esto, amados: Habéis entrado en una sucesión de vidas. De acuerdo con vuestro karma, de acuerdo con vuestras buenas obras habéis entrado en esas vidas, habéis realizado un servicio. Y quizá estuvisteis rodeados de unos padres inteligentes, de instructores inteligentes e incluso fuisteis invitados a estar bajo la tutela de jerarcas de luz que generalmente no se ven en la Tierra, como Melquisedec y otros.

Ahora bien, amados, pensad en una vida en la que tuvisteis el éxito más grande, el impulso acumulado más grande con el que habéis hecho maravillas en vuestra comunidad, habéis servido a vuestra gente y habéis estado unidos a Dios. Esa es la vida que debéis utilizar, la vida que debéis aprovechar al máximo y sobre la que debéis decir: «Tengo actos meritorios de esa vida. No quiero que sean erradicados. No quiero que se encuentren en una situación en la que pierda lo que he ganado».

Ahora bien, puesto que no todos tenéis memoria de todas las vidas anteriores, puede que no os deis cuenta de cómo habéis fallado y ganado, ganado y fallado de forma alternativa. Esto debe contemplarse. El momento de la contemplación es el momento de acostarse, cuando acudís ante vuestro Dios, cuando os arrodilláis en oración, cuando habláis a vuestro Señor, a vuestro Santo Ser Crístico, donde imploráis la presencia del Espíritu Santo y el Dios Padre-Madre, donde vais a donde está Jesús, donde lo veis en las catorce estaciones de la cruz.

Poneos en ese punto, amados, donde veáis con claridad que estáis acumulando y añadiendo a esa llama trina actos meritorios. Actos, amados. Los decretos dinámicos os dan impulso acumulado, os dan purificación, os dan transmutación. Pero luego están las obras de la mano, las obras de la mente, las obras del espíritu interior. Por tanto, advertid al yo. Entrad en el Yo. Entrad en el Yo que es Dios. *Entrad en el Yo que es Dios.*

Que vuestras victorias acumuladas hasta ahora de los diez, veinte, treinta mil años pasados no se manchen con acciones en este vida para que no tengamos que enviaros de vuelta y decir: «Lo sentimos, pero debes hacer otra ronda, porque no has seguido lo que debías seguir. Has dado por sentado que puedes usar la luz, que puedes usar la Ley, pero sin estar del lado de la Ley o de la luz».

En este ámbito, amados, poneos, *poneos* vuestra armadura. De la cabeza a los pies, estad armados. ¡Esgrimid la espada! Esgrimid la espada de fuego blanco. Esgrimidla para vosotros mismos. Vestid la armadura para que podáis atar a vuestro «morador del umbral». Vestid la armadura, amados, para que podáis lidiar con extraterrestres y ángeles caídos y naves espaciales que no tienen ningún derecho a estar en este planeta.

Llamad al rayo rubí.[4] Él* es el gran maestro que está decidido a eliminar de esta Tierra a los extraterrestres, a los ángeles caídos, etc., que vienen de otros sistemas estelares y no tienen ningún derecho a corromper a los hijos de la humanidad, excepto por el hecho de que los hijos de la humanidad han perdido a su Dios, han perdido los mandamientos, han perdido la enseñanza. Por tanto, son vulnerables. Y, por tanto, estos extraterrestres aprovechan sus oportunidades, ya sea para robar partes del cuerpo, ya sea para llevarse a los niños directamente del vientre en un intento de extender su cuasirraza.

Saldad el cien por cien de vuestro karma

Os estoy hablando al término de este año, al que no le quedan más que unos meses. Y os pido que recordéis las enseñanzas de

*Puede referirse al Buda del Rayo Rubí o al Elohim del Rayo Rubí. Véase nota 4, pág. 197.

la Mensajera sobre el discurrir por el reloj cósmico para regresar a la línea doce victoriosos. La Mensajera os ha señalado que, si incurrís en karma en los primeros puntos del reloj, no tendréis el impulso acumulado para elevaros y volver a la línea doce.[5]

Por consiguiente, si estuvierais ante el Guardián de los Pergaminos[6] hoy y quisierais que os invitaran al Retiro del Royal Teton, se os podría mostrar que no habéis cumplido los karmas de los días, las semanas, los meses y los años. Por tanto, tenemos rondas incompletas del reloj cósmico en lo que a vosotros respecta. Os prometo que haré lo que esté en mi mano para llevaros esta noche a ese lugar donde no solo podréis ver el problema de no terminar ciclos, sino que podréis traer con vosotros el recuerdo de esa visión a esta octava.

Es necesario comprender que solo vosotros podéis realizar vuestra ascensión. Se ha dicho esto a lo largo de esta conferencia,[7] pero debo repetirlo. *Solo vosotros podéis realizar vuestra ascensión.* Por tanto, vengo con un mensaje de responsabilidad suprema. Algunos han dicho que quienes creen que son el Cristo están locos. Otros han dicho: «Realizaremos nuestra Cristeidad interior y avanzaremos». Nada es seguro hasta conseguirlo. Procurad que no os pase a vosotros. Por tanto, en los próximos dos meses, amados, regresad. Regresad en vuestras gráficas. Regresad en la mente y limpiad los puntos del reloj cósmico que os han trabado durante miles de años.

Una cosa es saldar el karma y ascender con el 51 por ciento; otra es ir hasta el final, hasta el 100 por cien. ¿Y eso qué os da, amados? Saldar el 100 por cien de vuestro karma significa dejar de estar atados a las evoluciones rezagadas de este planeta o a cualquier evolución de este planeta si no deseáis estarlo.

Si ascendéis con algún karma restante, lo que quede a partir del 51 por ciento, descubriréis que a veces os harán falta décadas y más que décadas para saldar el karma en la octava etérica que podríais haber saldado *con mucha facilidad* cuando estabais encarnados. Porque la tierra es el sitio de la acción. Este es el sitio de la acción, amados. Quisiera ver que acumuláis en vuestro cuerpo causal ese 100 por cien de karma y también una mayor maestría, una mayor sabiduría, un mayor sentimiento de caminar por la Tierra realizando al Cristo interior dentro de vosotros, caminando y hablando con vuestro Santo Ser Crístico.

Intentad quedaros a solas, amados, donde sea seguro, caminando en las montañas, caminando al lado del arroyo, yendo acá y yendo allá en la naturaleza. ¿Durante cuánto tiempo os sentís cómodos a solas? ¿Y cuándo se os ocurre que tenéis necesidad de tener a otras personas con vosotros? Es bueno ponerse a prueba a uno mismo en estos asuntos, porque, amados, el escalador solitario es el que vence. Y llega un punto en la vida en el que debéis estar preparados para la soledad, y esa soledad se traduce en una unión total. Por tanto, autosuficientes. Por tanto, llevad al corazón recursos innumerables, recursos de Dios y por vuestros trabajos en muchos siglos.

Ser una buena persona no basta

Ahora dirijo mi atención y mi discurso de hoy a las cargas que soporta la gente del mundo, de este país, cargas por el terrorismo, cargas por las drogas, cargas en los jóvenes y los niños, que no tienen escuelas que los enseñen adecuadamente, que no tienen una alimentación ni cuidados adecuados y llenos de amor. Hemos tenido estos problemas; los hemos tenido durante mucho tiempo. Pero, amados, lo que está ocurriendo hoy día es una atrocidad. Y todo el Espíritu de la Gran Hermandad blanca, cada Maestro Ascendido y ser cósmico en estos momentos, se siente absolutamente indignado por lo que se les está haciendo a los niños, a la gente, a la alimentación, a los medios de comunicación, a la esencia de un estilo de vida y una civilización.

Os pido que toméis nota al ir y venir en vuestro mundo, por todos los países, que escribáis lo que observéis en la gente. Y en ese cuaderno, un cuaderno especial, os pido que escribáis vuestras impresiones sobre la gente, gente de todo tipo. Haced esto de manera continua. Y de vez en cuando, preguntaos: «¿Esta persona o aquella persona o estas personas que he visto –preguntaos– lo que están haciendo les va a valer para ascender o les impedirán ascender?».

El verdaderamente asombroso, amados, que tantas corrientes de vida de gran calidad, de una grandísima calidad, que han tenido esa gran calidad en civilizaciones pasadas, ahora estén listas para relajarse; relajar la moralidad, relajarse en todos los aspectos de su vida; tan flojas que no pueden compararse ni con el ángel más pequeño de Dios. ¿Y por qué están relajadas? Porque eso es lo que ven en los medios de comunicación. Ese es el ejemplo de los padres, ese es el ejemplo de las sociedades. Y así, gradual y finalmente, como el curso de una avalancha, una civilización puede caerse y destruirse, incluso cuando un gran porcentaje de la gente sea buena.

Y así, os comunico que ser una buena persona *no basta.* Debéis ser más que una buena persona; debéis ser una persona Divina. Una persona Divina, amados, significa que el Dios, vuestra Presencia YO SOY, no está a cien leguas de vosotros, sino que está suspendida sobre vosotros por las buenas palabras y la amabilidad, porque habéis emprendido un trabajo por mí, por la Diosa de la Libertad, porque habéis comprendido la ley de la armonía y que violar esa ley por cualquier motivo es letal.

Solo hay dos caminos: hacia arriba o hacia abajo

Mirad, pues, a la gente del mundo como lo ha hecho la Mensajera en muchos de sus viajes, y veréis a las buenas almas que no han encontrado la clave para abrir la puerta hacia los estudios de alquimia, hacia la ciencia de la Palabra hablada, hacia las enseñanzas de El Morya, hacia los Maestros Ascendidos. Y cuando vosotros, como los que han venido aquí nuevos y otros que llevan aquí décadas, cuando vosotros lográis la conciencia de la alegría de Dios, de inmediato abandonáis los caminos de los viejos amigos que yo no son compatibles porque ellos van por un camino y vosotros por otro.

Solo hay dos caminos, amados: hacia arriba o hacia abajo. Y cuando decidáis ir hacia arriba, muchos amigos vuestros os dejarán. Y seréis presentados a unos nuevos amigos Maestros Ascendidos, Maestros Ascendidos y sus chelas. Por tanto, amados, dad un ejemplo destellante. Pero inclinaros como el sauce para escuchar a quienes no entienden, aquellos que necesiten tiempo para comprender que ciertas cosas hay que soltarlas.

Por tanto, amados, con el ojo de vuestra mente podéis ver una avalancha planetaria. Veis a los países, las montañas, las ciudades, la gente, los lugares desiertos. Y hay un descenso de la conciencia; hay un descenso de la conciencia que es muy sutil. Los medios de comunicación lo llevan a uno de un estado de conciencia inferior a otro, y la gente se ajusta y por tanto lo sigue y lo sigue, y la avalancha de la conciencia humana está descendiendo. Y, por tanto, hoy os digo: «¿*Quién* los elevará? ¿*Quién* los despertará y dirá: "¡Despertad! ¡Despertad! ¡Despertad! ¡Vais por el camino equivocado! El camino es hacia arriba, no hacia abajo"».

No estáis aquí por vosotros

Sí. Sí, amados. Cuento con vosotros para encontrar a las almas de fuego. Cuento con que comprendáis que cada alma salvada a través de vuestro servicio, vuestros decretos, vuestro perseguir a esa alma, alimentándola, hablando con ella, incitándola a que esté entre vosotros en vuestros centros de estudio, etc., si el registro muestra que vosotros o un grupo de vosotros habéis salvado a un alma, yo, Saint Germain, os recompensaré por cada alma de luz que salvéis. Y ese salvar se refiere a la salvación suprema.

Asumid la carga de vuestros hermanos y hermanas. Asumid el lema: «Él no es una carga, Padre… es mi hermano»[8]. Recordad estas palabras, amados. Recordad estas palabras. No estáis aquí por vosotros.

Saldad vuestro karma. Conoced la hermandad de San Francisco y Santa Clara.[9] Conoced vuestra misión. Arrancaos de lo que lleváis haciendo miles de años. Porque yo, Saint Germain, no podré llevaros a vuestra ascensión. Debéis tener las aptitudes para ascender. Y cuando las tengáis, amados, entonces estaré a vuestro lado ante los Señores del Karma, y entonces y solo entonces es que podré patrocinaros.

Desde este punto en el tiempo hasta el punto de vuestra eternidad, os bendigo. Os sello en la llama violeta. Y doy a vuestro Santo Ser Crístico un elixir concentrado de esa llama. Continuaré multiplicando en ese cáliz siempre que continuéis haciendo los decretos de llama violeta.

Sonrío y me regocijo por la felicidad del Espíritu y digo: Avanzad. *Avanzad.* Tenéis mundos que conquistar.

[ovación de pie de 31 segundos]

13 de octubre de 1996
Rancho Royal Teton
Park County (Montana)

CAPÍTULO 14

Kuthumi

Moldeaos según el diseño divino del amor

Equilibrad vuestra llama trina, saturaos del fuego del Espíritu Santo y resolved vuestra psicología

¡*Salve* a la luz en el chela! Que se expanda esa luz, para que esa oscuridad no alcance. Aseguraos la lámpara para el huracán; proteged la llama. Conoced al Atmán interior. Conoced la semilla del Buda. Conoced al Santo Ser Crístico. Conoced al Santo Ser Búdico.

Que la corona de la vida esté sobre vosotros, esperando descender cuando hayáis hecho a un lado la conciencia terrenal. La corona de la vida eterna, trabajad por ella, interiorizadla y sabed que Dios nunca os ha dado una tarea que no pudierais seguir. Siempre tenéis la capacidad de hacer lo que el SEÑOR quiere, porque con lo que os pide también os da la fortaleza, la acción, la visualización interior, el conocimiento de cómo hacerlo y cómo realizar el trabajo de la forma más rápida y conveniente.

Pensad de esta manera, amados, y pensad en equilibrar la llama trina. Hablamos de esto periódicamente. Y vengo a repetirlo. Una llama trina desequilibrada significa una psicología desequilibrada. Pensad en eso, amados. Pensad en los tres penachos de la psicología y en el círculo blanco que es su base. Pensad en cómo el poder debe ser controlado por la sabiduría y el amor debe ser árbitro de todas las situaciones. Por tanto, si tenéis demasiado de algo y no tenéis lo suficiente de otra cosa en cualquier situación, estáis desequilibrados. Y, por consiguiente, debéis buscar el equilibrio pidiendo a diario que se manifieste la llama trina equilibrada.

Cantad conmigo a la llama trina

Y ahora, amados, como parte de mi sermón de hoy dirigido a vosotros, os pido que cantéis conmigo la canción a la llama trina para que podáis entender cuánta importancia pongo en esta llama y cuánta importancia pongo en que alcancéis ese gran equilibrio.

Introito al Santo Ser Crístico

1. Santo Ser Crístico encima de mí,
tú, equilibrio de mi alma,
que tu bendito resplandor
descienda y me haga íntegro.

Estribillo: Tu llama dentro de mí arde siempre, tu
paz a mi alrededor siempre eleva, tu
amor me protege y me sostiene, tu
deslumbrante luz me envuelve.
YO SOY tu triple radiación,
YO SOY tu Presencia viva
que se expande, se expande, se expande ahora.

2. Santa Llama Crística dentro de mí,
ven, expande tu luz trina;
colma mi ser con la esencia
de rosa, azul, dorado y blanco.

3. Santa conexión con mi Presencia,
amigo y hermano por siempre querido
deja que guarde tu santa vigilia,
que sea tú mismo en acción aquí.

[La Mensajera: Hagan llamados para el equilibrio de su llama trina. La audiencia hace llamados personales y canta la canción 36].

Mantén mi llama ardiendo

Mantén mi llama ardiendo
con el amor de Dios elevando,
¡dirígeme y mantenme en mi legítimo lugar!

Presencia YO SOY, siempre cercana,
mantenme consciente de tu gracia;
llama de Cristo, alégrame siempre,
¡muestra tu rostro sonriente en mí! (cantada tres veces)

Mediante este amor y el equilibrio del amor, conoceréis un equilibrio interior que os llevará a tejer el cuerpo solar imperecedero, la vestidura sin costuras, hasta que estéis preparados de verdad para entrar en la luz y no descender nunca más a la oscuridad.

Debéis conocer el equilibrio

He visto las idas y venidas de muchísimas almas en la Tierra a lo largo de muchos siglos. He visto cómo el entorno, cómo los miembros de la familia, madres y padres han moldeado a los niños ya sea para el buen diseño o para el diseño no tan bueno. Hoy vosotros sois el padre, vosotros sois la madre. Os podéis moldear según el diseño divino del amor. Os pido que hagáis esto, porque debéis conocer el equilibrio. Y si podéis comprender, amados, con toda seguridad debéis equilibrar vuestra llama trina antes de entrar a la cápsula de la ascensión.

Por tanto, amados, no toquéis siempre una sola nota, mas sed versátiles y reconoced que cuando tenéis esta llama tripartita, esta flor de lis, en ese foco equilibrado, ganaréis mucho, incluyendo, finalmente, el equilibrio de vuestra psique, la comprensión de vuestra psicología. Cuanto más liberéis la plenitud de vuestro ser, más sustituiréis el vacío, la vacuidad, con sólidas columnas del ser.

Por tanto, veréis que nada os detendrá, ni en el cielo ni en la tierra ni debajo de la tierra, porque el poder de la llama trina es dinámico. Es la parte que tenéis que crece cuando habéis equilibrado la voluntad, la sabiduría y el amor de Dios.

Entonces, amados, os podéis conocer a vosotros mismos como el vencedor. Os podéis conocer a vosotros mismos como el ser compasivo. Os podéis conocer a vosotros mismos como el que se ajusta a hacer las cosas como se deben hacer y no se deja influir por todos los cambios que mentes inferiores puedan sugerir sobre este o aquel proyecto. Cuando tenéis ese fuego en vuestro ser y ese fuego puede encenderse de una forma equilibrada, como he dicho, amados, nada os es imposible, porque la base de vuestro servicio es amor.

Aumentad la llama trina

Por tanto, deseo enseñaros cosas sobre la amabilidad, sobre la suavidad al hablar, sobre el sentimiento de felicidad, sobre la alegría de existir, sobre la música de las esferas que pasa por vuestra corriente sanguínea, vuestras células, vuestros átomos. Regocijaos en el amor de Dios y atraeréis hacia vosotros ideas, invenciones, enseñanzas, entendimiento. Os volveréis más pacientes con vosotros mismos y con los demás.

Por tanto, os aconsejo, amados: cuando la llama trina esté equilibrada, deberíais dar pasos acelerados y aumentar el poder como si los primeros tres Elohim estuvieran a vuestro lado y os guiaran. Cuando simplemente dobláis el tamaño de la llama trina, que en muchos mide tres milímetros de altura, lo dobláis hasta seis milímetros y aumentáis de forma exponencial el poder de vuestro ser.

Os cuesta muy poco entregaros a los demás. No cuesta nada vaciarse, porque Dios os vuelve a llenar. Visualizad el aumento como los anillos de un árbol. Visualizad el aumento como una expansión de conciencia, mente ilimitada del Buda, sabiduría ilimitada.

Digo estas cosas, amados, porque creo que si hubierais puesto énfasis en esto desde el primer día en que disteis el primer paso en el Sendero, habríais llegado más lejos en aquellos momentos. Por tanto, digo: que la llama trina sea instalada [como en un cáliz] en un jardín que cuidéis (un jardín que pueda tener las plantas en tiestos adentro durante el invierno y afuera durante el verano), recordando que la llama trina representa vuestro corazón y vuestra vida.

La llama trina, amados, podéis aumentarla. Os pido que hagáis de esto vuestra meta. Porque cuando más y más de vosotros tengáis la llama trina equilibrada, os digo, amados, que también veréis que el mundo enderezará su eje. Estando ese eje inclinado a ese ángulo, amados, ello es ciertamente señal de que los corazones de la gente son como una Torre de Pisa.

Por tanto, comprended lo grande que es la llama, por pequeña que pueda ser. Y habéis visto la obra de vuestros artistas que muestran la llama trina envolviendo a Jesús. Imaginaos si pudierais estar donde está él, y su llama trina se eleva desde debajo de sus pies hasta por encima de su cabeza. Ahora entendéis un poquito más el poder de la Divinidad con solo imaginaros a vosotros mismos rodeados de la llama trina. El equilibrio del núcleo de fuego blanco de la Madre sustenta el equilibrio de la llama trina.

Recibid de Pablo el Veneciano la purificación del amor

Os pido otra vez que cantéis, que cantéis a Pablo el Veneciano para que podáis recibir de su corazón la purificación necesaria del amor que debéis tener para seguir adelante.

No digo lo siguiente para preocuparos sin motivo, pero os diré, amados, que los que descuiden el equilibrio y el aumento de la llama trina son también los que no seguirán encarnados necesariamente por mucho tiempo. Por tanto, como veis, el volver siempre a la llama del amor, la amabilidad y la compasión tiene ventajas.

Por tanto, cantad esta canción, pues Pablo el Veneciano y su llama gemela, Ruth Hawkins,[1] desean cantarla con vosotros ahora.

[La Mensajera: Háganles llamados con fervor para poner más atención el resto de su vida en su llama trina. La audiencia hace llamados personales y canta la canción 223A].

Sea el amor la división del camino
Al amado Pablo el Veneciano

Bienvenido, Pablo el Veneciano,
Señor del Tercer Rayo celestial.

Hermoso, Pablo el Veneciano;
ven, amor, ven, hermoso Pablo el Veneciano,
ven, amor, amor divino.

Toma mi corazón,
te lo doy todo a ti,
y prometo, amado mío,

prometo un amor verdadero.
Ah, amor, amor divino.

Ah, amor, amor divino.

Ah, qué amor.
Nubes flotando de rayo que brilla oro y rosa.
Ah, amor, amor divino.

Ah, amor, amor divino.

Haces de llamas vivas de amor,
descended dentro y sobre nosotros.
Ah, amor, amor divino.

¡Ah, mirad!
Ángeles de llamas de amor vivas.

Engrandeced el amor,
engrandeced el amor,
ángeles y santos de las alturas,
ángeles y santos de las alturas.
Oh, qué hermosos, engrandeced el amor.

Amado Pablo el Veneciano
Sea el amor la división del camino,
la aparición del Espíritu Santo,
el Señor Maha Chohán.
¡Ven, hermoso Pablo el Veneciano!

Oh, amor, oh, amado.
Oh, amor, oh, amado.
Sea el amor la división del camino,
sea el amor la división del camino.

Venid, legiones de mundos lejanos,
venid, caballeros de antaño
que guardáis la antorcha del amor,
que guardáis las llamas de amor vivas,

amor del Cristo vivo de arriba,
amor por las cosas de Dios,
los caminos de Dios, el sendero de Dios.

Por corazones enamorados, el recién nacido,
para sanar los defectos de la Tierra,
para ser maestro del día,
para tener plenitud, y decir:
«Toma mi mano, guíame,
hermoso Pablo el Veneciano».
Oh, amor, oh, amado,
engrandece el amor.

Oh, amor, oh amado,
engrandece el amor.

¡Engrandézcase el amor!

Diosa de la Libertad, ¡ven!
Ven con el fuego, el rosa, el rayo rubí;
ven con la purificación del rayo rubí,
con ondulaciones del gran poder del amor
devuelve el recuerdo divino,
tablas de Mem,
antiguos registros de Mu,
gloria de los «días de Arte de antaño».

Madre Divina de la antigua Lemuria,
te saludamos;
los hijos de la Madre Tierra te saludamos,
amado Pablo el Veneciano,
Señor del Tercer Rayo celestial.
¡Abre el velo!
¡Abre el velo!
¡Abre el velo!

Sumergíos en el amor y en el fuego del Espíritu Santo

Ahora, amados, os digo que a menos que os sumerjáis en el amor, a menos que hagáis llamados a la llama violeta, todos los ejercicios que podáis hacer relacionados con vuestra psicología no supondrán el cumplimiento de la meta, que es borrar aquellas manifestaciones del yo que no son de luz y no son de Dios.

Por tanto, quienes sigan un curso de psicología aquí o allá tienen las herramientas, pero no el fuego. Y ese fuego es la llama violeta y ese fuego es el amor del corazón. Sin esas dos cosas no tendréis éxito en vuestra resolución y os encontraréis un día en las octavas de arriba y volveréis a estar en la escuela, trabajando para resolver vuestra interacción con vuestro yo interior, con los amigos, con los padres, con los parientes y con aquellos con quienes pudierais tener karma.

Este es el eslabón perdido en el sendero de la psicología. Y solo la persona que se atreva a amar y se atreva a estar saturada de la llama violeta del Espíritu Santo se encontrará con su creador en equilibrio y sin esos registros. Esforzaos en este sentido, amados. Porque cuando entréis en el valle y las montañas de la octava etérica del mundo celestial, no debéis tener el estorbo de vuestra conciencia humana. Lidiad con ella ahora. Entonces, cuando seáis libres finalmente, levantad el vuelo hacia el sol y conoced el equilibrio de toda la vida, empezando con vuestro Santo Ser Crístico y la santa llama trina. Os hablo de este manera, amados, porque solo vosotros podéis deshacer esas cosas que o bien os han puesto encima o bien las habéis hecho vosotros mismos.

Entonces, el amor es la división del camino. Tomad el camino del amor, amados, y conoced la realización eterna en Dios.

Soy Kuthumi. Pongo mi Presencia Electrónica al lado de cada uno de vosotros. Y durante un período de tres meses estaré a vuestro lado para guiaros en la resolución de la no resolución que habéis tenido con vosotros durante tanto tiempo. Por tanto, hoy soy más parco en palabras, más profundo en amor y estoy en el mismísimo cáliz del ser.

Soy vuestro amigo. Os guiaré a las montañas del Tíbet, a las montañas de los Himalayas. Cuando nos volvamos a reunir, confío en que me alegraré por un mayor avance, y aún mayor.

28 de diciembre de 1996
Corte del Rey Arturo
Rancho Royal Teton
Park County (Montana)

CAPÍTULO 15

Djwal Kul

Sobre la resolución del corazón con Dios

La fuente de la victoria es vuestro corazón

Ahora, haced las paces con el corazón de Dios. Ahora, conoced este centro del ser, porque sin ese corazón de Dios no podéis entrar en el núcleo de la vida o en los universos sin nacer.

El corazón de Dios es el latido del corazón de un cosmos y el pájaro y los pequeños. La paz en el corazón de Dios produce autocorrección, la eliminación del autoengaño, el decir la verdad como un niño pequeño, conociendo la verdad como un sabio.

Corazón... corazón... corazón. Tened corazón, amados. Oíd sus latidos. Sabed que el latido del corazón de Dios existe en todos los corazones de la Tierra.

Pensad en esto, amados. Pensad en lo que debéis hacer para proteger el corazón. Como Helena Roerich ha escrito sobre el corazón,[1] la protección del corazón —el corazón físico y todos los niveles del corazón— es de suma importancia para el iniciado que está acelerándose en el Sendero, que está haciéndose más sensible día tras día, al que le perturba la estridencia de la vida misma.

Sí, existen niveles bajos en el plano astral donde muchos existen. No van a ninguna parte; no tienen corazón. Se ríen a carcajadas, como se ríen la brujas, de este o de aquel que está avanzando en la octava etérica.

Podéis vivir en el plano etérico, amados, si estáis decididos a hacerlo. Podéis vivir en octavas inferiores si fuera necesario. Pero os aconsejo que no estéis en ninguna parte donde podáis incurrir en karma con facilidad. El karma pesa, y a vuestras cargas diarias no les hace falta ese karma añadido.

Por tanto, el fuego del corazón, el amor del corazón y la llama violeta, a esto volvemos, amados, porque la sanación del corazón debe llegar a través del Espíritu Santo.

Buscad y encontrad la alquimia del corazón

¿Cuántos corazones hacen falta en la Tierra para mantener el equilibrio? Yo lo sé, pero no puedo decirlo, amados. Pero os diría: cuanto más fuerte el corazón, más fuertes los chakras, más probable es que veáis la hermandad universal. Entre los dignos de mención cuando hablamos de esto están aquellos como San Francisco, que fue una encarnación de Kuthumi. Esa, amados, fue una enseñanza de amor que todos pueden compartir. Ha sido una promesa para muchos, una sanación para muchos.

El amor es algo que no se queda quieto, sino que debe practicarse. Podemos afirmar que Dios es amor; entonces debemos darnos la vuelta y ser ese amor en acción siendo el guardián de nuestro hermano.

Por tanto, amados, el amor es algo intangible. Lo echamos de menos cuando no está. Nos llenamos de alegría cuando está. Conoced el amor perfecto de Dios.

Ahora, que los poderosos que tienen aires de grandeza sean juzgados, porque el juicio es algo continuo en un planeta como la Tierra con un calendario como el que tiene. Por tanto, que esta acción del fuego sagrado que os hemos traído hoy os recuerde ahora que la fuente de la victoria está en vuestro corazón físico y en vuestro corazón espiritual. Proteged ese corazón y entrad en su realización.

Hay mucho que se podría decir sobre el corazón. Recomiendo el libro *Corazón*. Pero lo que hay que hacer es buscar y encontrar la alquimia del corazón, que es la química total de Dios, encontrar eso, encontrar ese algo que se os ha escapado, que al encontrarlo será el eslabón perdido en todo lo demás que hagáis.

Por supuesto, es el corazón y el latido del corazón. Esa es la clave. Pero el corazón tiene capas y más capas. Está la dureza de corazón causada por comer ciertos alimentos que no os convienen, como las carnes pesadas y las especias. Hay cargas que el corazón tiene por los que están afligidos perpetuamente. Están lo que ni siquiera tocan el corazón de Dios en toda una vida.

Seguid a los amantes de Dios

El amor sanará al mundo, pero quizá primero haya que salvar al mundo. ¿O estaríais de acuerdo en que hay que salvar al corazón? Esto es un patrón, amados. Y cuando ese amor fluye hacia toda la vida, toda la vida os saluda y os devuelve ese amor.

Llamadnos, pues, a todos los que hemos dotado a las evoluciones de la Tierra de amor, y os conduciremos hacia quienes han mantenido ese amor, esa confianza, ese sentimiento de que el corazón es realmente el centro de todo el ser, la fuente de todas las ideas. Y en ese corazón algún día conoceréis vuestra inmortalidad.

¡Oh, el latido del corazón de Dios! Oh, el latido del corazón de Dios. Escuchad y tened reverencia, pues Dios vive en vosotros en ese corazón y en el latido del corazón.

Al aumentar e intensificar el fuego del corazón, tendréis mucho que dar a los niños y a los jóvenes. Concentraos en ellos para la victoria del planeta. Porque a menos que ellos logren la victoria, no habrá ninguna generación posterior que continúe con el gran misterio del amor ni a quien llevar al sendero de los místicos.

En estas horas cercanas al Año Nuevo, en estas horas cuando os habéis reunido para comulgar con nosotros, quisiera deciros simplemente que la maestría del adepto, la vuestra, se basa en el amor, la disciplina y la sabiduría. Pero, sobre todo, la caridad es la clave. El dar de uno mismo os impulsa a transmutar karma y a avanzar en los ciclos del ser.

Seguid a los amantes de Dios y nunca iréis por mal camino. Sed tacaños y avaros en hacer favores y os convertiréis en un viejo miserable, que quizá deba reencarnar, quizá ya en su última encarnación.

Alimentad a vuestra alma

Por tanto, amados, pongamos atención en el verdadero amor que contiene el escarmiento, el aporreo, el llevar al alma a una congruencia tal con Maitreya como para que de verdad se encuentre en el regazo de Dios.

No temáis el dolor. El dolor es una fuente de crecimiento, de un crecimiento enorme. ¡Dejad que el dolor salga! Que salga, amados, y conoced el crecimiento que experimentaréis. El dolor no tiene dominio sobre vosotros, pero el dolor es un instructor esencial. Abrazadlo. Moveos con él, más allá de él y hallad vuestra realidad manifiesta.[2]

Nosotros tres, que venimos cada año (como antaño, los reyes magos)[3] al pesebre, a la familia, al Señor Cristo, venimos al corazón de los portadores de luz. Venimos con oro, incienso y mirra. Venimos con otras esencias y un fuego blanco para que ellos avancen y para llevar a estos bebés al nivel de la cima del logro, cuando habrán llegado a ese nivel del estado adulto en el que todas las cosas son posibles para ellos; porque han construido una escalera que los lleva a tareas más y más complejas para la humanidad.

Por tanto, id a vuestro niño interior ahora y meced a ese niño. Consoladlo, estad con vuestro niño y sabed que vuestra alma es tanto un niño como un sabio. Por tanto, tenéis a alguien muy sabio en vuestro Yo Interior, en vuestro Santo Ser Crístico Interior. Y tenéis al que es como un niño, que necesita vuestros cuidados y vuestro amor. Y eso debe producirse todos los días, porque el alma no es permanente. El alma debe recibir la plenitud. El alma debe llegar a ser la novia del Santo Ser Crístico.[4] Por tanto, amados, si el alma está incompleta y no tiene la plenitud, entonces el alma no puede ascender hasta que sus fragmentos vuelvan y ella tenga una comprensión de la plenitud completa.[5]

Por tanto, no dejéis atrás a vuestra alma más de lo que dejaríais atrás a un niño. Alimentadla, y todo vuestro cuerpo y vuestra vida también se alimentarán.

Con la alegría de la paz interior, os invito a que comulguéis con nosotros en las zonas de la India y aquellos lugares desde los que hemos ascendido. Os sellamos ahora y os bendecimos para un nuevo año de alegría. Poned alegría en todos los corazones, en todos los bolsillos, y estaréis diseminando semillas que se multiplicarán por toda la Tierra. Recordad, el mal no es real y su manifestación no tiene poder.

La señal del corazón, la cabeza y la mano ante vosotros. Os sello en la meditación de Dios. Que podáis descubrir el misterio del Yo cada día.

28 de diciembre de 1996
Corte del Rey Arturo
Rancho Royal Teton
Park County (Montana)

NOTAS

CAPÍTULO 1: **Nuestro origen en el corazón de la libertad**

Este dictado se ha publicado en las *Perlas de Sabiduría,* vol. 28, nº. 45, 10 de noviembre de 1985.

1. La doble V es la marca utilizada por el Rancho Royal Teton. "La señal de la V es la señal del descenso y el ascenso del alma. La victoria se forma en el momento en el que el alma comienza a ascender. Cuando hacemos la señal de la doble *V,* es la doble *V* de la doble victoria de vuestras llamas gemelas con el poder de la Palabra. Nosotros deseamos enviaros con la señal de la victoria y con la marca de la vida misma, la doble V, para que os volváis a mover juntos y regreséis al corazón del Uno… Benditos corazones, ¡los arcángeles han venido a dedicar el Retiro Interno para el ascenso! Este es un momento solemne, pues ahora estamos juntos en la mismísima cuna del Retiro Interno, cuando trazo la señal de la *V.* Esto es la dedicación de la Tierra, sus evoluciones de luz, al *Regreso al Origen.* [¡Es] el momento para que suene el gran reloj cósmico para la dedicación de toda alma de luz que descendió a la Tierra a aprovechar la oportunidad de la ascensión! (El Poderoso Víctory, "La señal de la V dorada", *Perlas de Sabiduría,* vol. 24, nº. 37, 13 de septiembre de 1981).
2. Santiago 1:21.
3. 1 Juan 4:4.
4. "Judío". La progenie de Luz, la progenie de Christos, del Anciano de Días Sanat Kumara; las doce tribus reencarnadas esparcidas entre las naciones en todas las razas y religiones. En la actualidad, las diez tribus perdidas del Reino del Norte están concentradas en

los países europeos y las Islas Británicas; las dos tribus del Reino del Sur, Judá y Benjamín, son los judíos actuales. La reunión del remanente de Israel profetizado en el Antiguo Testamento se produce en los Estados Unidos de América, la Tierra Prometida, donde la progenie de Sanat Kumara está destinada a elevar la conciencia Crística y la llama de la libertad por todas las naciones.

5. En 1982 se anunció que la Estatua de la Libertad necesitaba reparaciones considerables. Una comisión encabezada por Lee Iacocca recaudó 350 millones de dólares como donaciones corporativas y privadas, y en 1984 la estatua se cerró al público para su restauración. El 3 de julio de 1986, el presidente Reagan, que presidía la ceremonia por el 100 aniversario de la Estatua de la Libertad, proclamó: "Somos los Guardianes de la Llama de la Libertad. Esta noche la sostenemos en alto para que la vea el mundo".
6. Desde el 17 de octubre hasta el 9 de noviembre de 1985, la Mensajera y su personal llevaron a cabo una gira de conferencias por Europa, Escandinavia y las Islas británicas, partiendo hacia Europa desde Nueva York.
7. Destrucción del santuario a Gandhi. La agitación social comenzó alrededor de la ciudad portuaria sudafricana de Durban el 1 de agosto de 1985 con el asesinato de Victoria Mxenge, una prominente abogada de raza negra dedicada a la defensa de los derechos civiles. Después se produjeron unas intensas revueltas en los municipios de población negra de Durban, que culminaron en un amargo conflicto racial entre negros y asiáticos. Los negros saquearon, quemaron y destruyeron cientos de hogares y tiendas indias. En represalia, el 9 de agosto un grupo de más de 300 indios intentó expulsar entre 60 y 100 negros que habían recibido asilo en el asentamiento de Gandhi en Phoenix, 12 millas al norte de Durban. Un turba de personas de raza negra a su vez atacó el asentamiento, quemando casas y otros edificios, entre ellos el Centro de Mahatma Gandhi, la escuela y la biblioteca. El hogar de Gandhi lo saquearon e incendiaron y muchos documentos, libros y fotografías se destruyeron. Dos días después, los daños a la casa de Gandhi continuaron siendo perpetrados cuando unos residentes vecinos de raza negra empezaron a desmantelarla para emplear su madera, el material del tejado y otros materiales. "El gran legado que nos ha dejado Mahatma Gandhi se destruyó" –dijo Mewa

Ramgobin, marido de la nieta de Gandhi y director del centro– "y no me refiero a lo tangible (documentos, libros, etc.), sino a sus ideales y a su espíritu". El centro, fundado en 1904 por Gandhi, había sido un monumento a la no violencia. La total destrucción a la que se refiere la Diosa de la Libertad es la destrucción espiritual de todo lo que Gandhi defendió, su llama y todo aquello por lo que se esforzó en Sudáfrica. El asentamiento de Phoenix se volvió a abrir de manera formal el 27 de febrero de 2000, en una ceremonia a la que asistió el presidente de Sudáfrica, el rey zulú Goodwill Zwelithini y otros líderes. Durante esta ceremonia, el líder de la comunidad local dijo: "Pido perdón por lo que hicimos y por apoderarnos de las tierras que no nos pertenecían. Espero que el espíritu de Mahatma Gandhi ahora descanse en paz". El rey Zwelithini expresó la esperanza de que el asentamiento se convirtiera en "un rayo de reconciliación y paz".

8. El 25 de julio de 1964, Surya anunció el inminente renacimiento del alma de Mahatma Gandhi.
9. La Ciudad Santa. La llama de la Nueva Jerusalén está afianzada en el Retiro Interno.
10. Hechos 10:42; 2 Timoteo 4:1; 1 Pedro 4:5.
11. La fiesta de los tabernáculos (también conocida como *Sucot* y la fiesta de las cabañas o de la reunión). Bajo el antiguo pacto, este era el último festival sagrado del año que marcaba el fin de la estación de la cosecha y conmemoraba la travesía del desierto y la entrada en la Tierra Prometida. Tenía su comienzo cinco días después del día de expiación y duraba siete días. Durante este período de siete días, los israelitas vivían en tiendas o "cabañas" hechas de ramas a fin de recordar la estancia en el desierto de sus antepasados, que vivieron en tiendas. Los sacrificios y las ofrendas quemadas de esta alegre y popular fiesta eran las más grandes del año. Como cumplimiento del mandato de Moisés, cada siete años se leía la ley en público como parte de la celebración. (Deuteronomio 31:9-13) La conclusión del año religioso la marcaba una solemne invocación al octavo día. Véase Éxodo 23:16; 34:22; Levítico 23:33-43; Deuteronomio 16:13-16; Números 29:12-38.
12. Espiral de treinta y tres años. En su discurso del solsticio de verano del 21 de junio de 1985, el Arcángel Miguel entregó "una espiral de treinta y tres años para que se manifestaran muchas de

las profecías del Apocalipsis". El Arcángel Miguel dijo: "Os pido que los examinéis, que por consiguiente compongáis vuestros llamados y vuestras invocaciones, que veáis el mundo y los eventos personales en el contexto de estas profecías y que sepáis que este es un momento debido al cual el mandato de la Ley declara que, si estos ciclos pueden afrontarse y transmutarse, un día glorioso está a la espera, incluso la era de oro". ("La aparición de la Mujer Vestida del Sol", *Perlas de Sabiduría,* vol. 28, nº. 29, 21 de julio de 1985). También como cumplimiento de las profecías del Apocalipsis acerca de la ascensión de los dos testigos y el juicio de Babilonia, Serapis Bey anunció el 8 de abril de 1984: "Poned atención en esta hora y estos momentos y en estos instantes en que se afianza una espiral de la llama de la ascensión de treinta y tres años en este cuerpo, en esta Iglesia, en el cuerpo místico de Dios en la tierra y en el cielo. Esta espiral de treinta y tres años es para la realización de la llama de la ascensión, sus iniciaciones para todos y para construir mi casa. Así dice el Señor: la construcción de la pirámide de esta Iglesia y esta enseñanza que será y es para la era de Acuario se establece hoy. Es una columna de fuego blanco de la llama de la ascensión; treinta y tres vueltas de la espiral. Es una llama viva dentro del cuerpo vivo de la mensajera. Es la llama que es el núcleo de fuego blanco arriba y abajo, de Alfa y Omega, de los dos testigos y de todos los que sirven a esa llama. Mediante esa llama descubriréis el amor de la comunidad, el construir juntos, porque esa llama es el rascacielos de Dios. Es el poder de esa torre y la Roca, y es el poder que desplaza a Nimrod y a su torre de Babel, a toda la civilización babilónica, a los dioses asirios, a la civilización de Caín". ("Los primerísimos pasos de la Ley", *Perlas de Sabiduría,* vol. 27, nº. 29, 3 de junio de 1984).

13. Padma Sambhava. El 2 de julio de 1977, Padma Sambhava anunció la otorgación del manto de Gurú a la Mensajera Elizabeth Clare Prophet. Véase "The Great Synthesis—the Mother as Guru" ("La gran síntesis: la Madre como Gurú"), disponible en AscendedMasterLibrary.org. Para obtener más enseñanzas sobre Padma Sambhava, véase Mark L. Prophet y Elizabeth Clare Prophet, *Los Maestros y sus retiros.*

CAPÍTULO 2: **Los Guardianes de la Llama de la Libertad**

Este dictado ha publicado en las *Perlas de Sabiduría,* vol. 29, nº. 65, 23 de noviembre de 1986.

1. Filipenses 2:12.
2. La tablilla de 7,19 metros que tiene en la mano la Estatua de la Libertad representa el Libro de la Ley, un símbolo que inspiraron en el escultor, Frédéric-August Bartholdi, sus amigos de la organización francesa de francmasones. La inscripción de la Declaración de la Independencia se agregó después con el fin de personalizar el regalo.
3. El 3 de julio de 1986, el presidente Reagan, presidiendo la ceremonia en la que se volvió a encender la Estatua de la Libertad, proclamó: "Somos los guardianes de la llama de la libertad. Esta noche la sostenemos en alto para que el mundo la vea". La celebración de cuatro días marcó el centenario de Lady Liberty y fue la culminación de un trabajo de amor de cuatro años en el que la estatua se renovó gracias a 66 millones de dólares en donaciones recaudadas de niños en edad escolar, ciudadanos, compañías, negocios, sindicatos y organizaciones fraternales. Como parte de la celebración, el presidente del Tribunal Supremo Warren Burger dirigió una ceremonia de naturalización en la que administró el juramento de ciudadanía a cientos de nuevos estadounidenses en la isla de Ellis y, simultáneamente, por satélite, a 15.000 más reunidos en varios puntos del país.
4. Véase decreto 20.07 en *Oraciones, meditaciones y decretos dinámicos para la transformación personal y del mundo.*
5. El 4 de julio de 1986, en el mayor espectáculo de fuegos artificiales de la historia de los Estados Unidos, más de 40.000 cohetes iluminaron los cielos sobre la Estatua de la Libertad en la bahía de Nueva York. Los fuegos, que se dispararon desde barcazas alrededor del Bajo Manhattan y la Isla de la Libertad, continuaron sin cesar durante 30 minutos en una demostración sincronizada de 2 millones de dólares de valses y marchas.
6. Marcos 14:3-5; Juan 12:3-5.
7. Salmos 1.
8. Véase Jeremías 36:27-32; 37; 38 sobre la profecía de Jeremías acerca de la invasión caldea que la mensajera leyó de la Biblia de

Jerusalén antes de este dictado a petición de la Diosa de la Libertad. Véase también Jeremías 6:13, 14; 8:10, 11; 23:16, 17; 27; 28 sobre los falsos profetas de la paz.

9. Apocalipsis 12:7-9.
10. El presidente francés François Mitterrand, que estuvo en Nueva York durante el *Liberty Weekend* para participar en las ceremonias que volvían a dedicar la Estatua de la Libertad y para consultar con el presidente Reagan, marchó hacia Moscú el 6 de julio para realizar una visita de Estado de tres días y medio. Aunque negó cualquier papel formal como mensajero diplomático, Mitterrand dijo que estaba bien colocado para promover mejores relaciones entre la Unión Soviética y los Estados Unidos y que quería fomentar una segunda cumbre y serias conversaciones sobre el control armamentístico. El presidente francés recibió en Moscú una recepción poco habitual por su calidez. Allá se reunió con el líder soviético Mikhail S. Gorbachev en tres largas sesiones de una duración total de más de quince horas. Después Mitterrand resumió sus reuniones con las dos superpotencias, diciendo que el obstáculo principal para cualquier acuerdo armamentístico nuclear seguía siendo la Iniciativa de Defensa Estratégica de los Estados Unidos.
11. Jeremías 38:19, 24-26.
12. El 3 de mayo de 1977, Gautama Buda anunció una oportunidad de diez años para darle la vuelta a la marea de oscuridad en el planeta: "La gente de Dios de la Tierra debe oírme decir que la hora se acerca y que el Señor Buda os ha dado como pueblo de Dios una década para darle la vuelta a la marea, una década desde este momento para diseminar las enseñanzas, para entrar en contacto con cientos de miles de almas que tomarán la enseñanza y la ciencia de la Palabra hablada y las utilizarán para la salvación de la Tierra. Cuando haya pasado la década a partir de esta hora, no hay garantías inminentes por parte de los Señores del Karma o el Guardián de los Pergaminos con respecto a que se pueda hacer retroceder la marea y evitar el sino que han planeado los seres oscuros". ("One Decade for the turning of the Tide" ["Una década para darle la vuelta a la marea"], *Perlas de Sabiduría,* vol. 21, nº. 28, 9 de julio de 1978). Al final de esta dispensación de diez años, Wésak de 1987, Gautama Buda anunció la proclamación de Alfa de que "en este Wésak de 1987 no hay prevista ninguna

dispensación nueva para el paneta como un todo, sino que la dispensación [inminente] es una fórmula matemática para cada persona según su logro interior. No hay ningún maestro ascendido que reciba una dispensación nueva para salvar al planeta, sino que todos los maestros ascendidos reciben una dispensación para ayudar al verdadero chela de la luz". (For the Alignment of a World" ["Para que el mundo se alinee"], *Perlas de Sabiduría,* vol. 30, nº. 24, 14 de junio de 1987).

13. En un dictado del 11 de abril de 1982, el Arcángel Miguel dijo: "Os digo esto, pues es la dispensación de mi corazón: es importante que os encontréis exacta y precisamente en el lugar correcto en esta fecha. La fecha es el 1 de enero de 1987. Os pido que me llaméis a mí personalmente para la protección de vuestra vida, vuestra alma y vuestra familia, para que os encontréis en el lugar correcto en esta fecha y que todas las cosas que acontezcan en vuestra vida en esos momentos se dirijan hacia vuestra unión con nuestros grupos en esos momentos". (*Perlas de Sabiduría,* vol. 25, nº. 28, 11 de julio de 1982).
14. Cámelot, en las montañas de Santa Mónica, cerca de Malibú (California) sirvió de sede central de The Summit Lighthouse desde 1978 hasta 1986. En septiembre de 1981, The Summit Lighthouse adquirió el Rancho Royal Teton, que linda con al parque nacional Yellowstone en Montana. La venta de Cámelot se llevó a cabo el 3 de julio de 1986 y la sede central internacional se trasladó ese mismo año al Rancho Royal Teton, al cual los maestros han llamado el Retiro Interno.
15. La expresión "ir de gira" viene del verbo inglés "stump", que significa "viajar (por una región) dando discursos políticos o apoyando una causa". *(Merriam-Webster Collegiate Dictionary).* En 1976, El Morya llamó a la mensajera Elizabeth Clare Prophet a que fuera "de gira". "Ve de gira —dijo— como si te hubieras presentado a unas elecciones. Ve de gira por Jesús y Saint Germain y por el mensaje del Cristo eterno".
16. El ritual del Átomo es una meditación que se enseña en Summit University para la expansión de la percepción Divina. En este ritual se visualiza un electrón que circula en espiral desde el núcleo de la identidad Divina del centro del círculo a la circunferencia y que después vuelve al centro en un flujo continuo para la iniciación

bajo cada una de las jerarquías solares. Al ir avanzando en torno al reloj cósmico en esta visualización, se forma un patrón en forma de margarita con un pétalo por cada línea. Así el chela también crea una "margarita de luz" en el Ritual del Átomo al entrar y salir del Retiro Interno, el centro de luz en Montana, para ir a las ciudades de la circunferencia. Véase "El ritual del Átomo", en *Predice tu futuro.* Astrología de la Madre Divina. *págs.* 144-152.

17. 2 Reyes 2:9-15.
18. En 1986 se celebraron vigilias de oración a causa de las querellas contra The Summit Lighthouse y la Mensajera y el juicio que tuvo lugar.
19. Véase el discurso de Saint Germain del 4 de julio de 1986, "A Prophecy of America's Destiny Restored" ("Profecía sobre el destino recuperado de los Estados Unidos"), *Perlas de Sabiduría,* vol. 29, nº. 64, 20 de noviembre de 1986.
20. Según las enseñanzas del reloj cósmico conocidas como "danza de las horas", el ciclo de la manifestación de la llama rosa del amor divino comienza a las 17.00 horas y termina a la medianoche. Para obtener más enseñanza sobre "La danza de las horas", que incluye un diagrama, véase *The Path to Attainment (El sendero hacia el logro),* págs. 170-74.

CAPÍTULO 3: **El misterio de una iniciación en la cámara secreta del corazón**

Este dictado se ha publicado en las *Perlas de Sabiduría,* vol. 56, nº. 7 y 8, 1 y 15 de abril de 2013.

1. La Cueva de la Luz es el retiro del Gran Director Divino en el corazón de los Himalayas, en la India. En *La Mágica Presencia,* Godfré Ray King describe cómo es acompañado a la Cueva de la Luz por Chananda, el jerarca de este retiro, junto con otras personas. Godfré describe el retiro como una cueva de una "belleza maravillosa" con incrustaciones de sustancia cristalina resplandeciente.
2. El fíat "Salvación en el arca del Señor" es parte del decreto 33.00, "El juicio del Señor por el rayo rubí a través de los arcángeles Chamuel y Caridad", que se entregó como parte de su dictado el 7 de julio de 1985. Este decreto se encuentra en *Oraciones, meditaciones y decretos dinámicos.*

3. La visión de la era de oro. En su dictado del 2 de enero de 1987, la Arcangelina Esperanza dijo: "Oh benditos corazones, ¿sabéis una cosa sobre la que tenéis un control total y absoluto? Es esto: que la era de oro puede manifestarse en estos momentos *¡allá donde estéis!* Allá donde esté la individualización de la llama Divina en vosotros, la era de oro ya puede estar en sesión y en progreso en vuestra aura. Ya no hace falta que especuléis: '¿Llegará a la Tierra la era de oro?'; sino que podéis decir: 'Está aquí, en mí. Esto lo sé, oh, Dios. Está donde yo estoy, y más que esto no puedo ni desearlo. Porque estoy con Esperanza llenando el cosmos con mi era de oro'".
4. Las escaleras de los grados. Cuando María se presentó en el templo a los tres años, se dice que sus padres la pusieron sobre los primeros quince escalones que simbolizan las iniciaciones de los salmos de los grados (Salmos 120-34). Sin ayuda, subió los escalones uno después de otro, demostrando que su alma ya había superado estas iniciaciones en otras vidas y que estaba preparada espiritualmente para cumplir su misión.
5. Los mantras de los Budas Dhyani se encuentran en el *Libro de himnos y canciones de la Iglesia Universal y Triunfante,* nº. 627.
6. Mateo 25:1-13.
7. 1 Tesalonicenses 5:2; 2 Pedro 3:10.
8. El decreto "Rayos secretos del poderoso Cosmos", 0.03, se encuentra en *Oraciones, meditaciones y decretos dinámicos.*
9. Hay mantras de Saint Germain en Oraciones, meditaciones y decretos dinámicos, decreto 0.07, y la sección sobre "decretos de transmutación", 70.00-70.99. Los mantras de Kuan Yin, Om Mani Padme Hum, Om Namo Narayanaya y el Ave María se encuentran en el *Libro de himnos y canciones de la Iglesia Universal y Triunfante,* números 670, 673, 625,653, 96.
10. Lanello os regala. En un dictado del 28 de febrero de 1987, Lanello dijo: "Mi ofrenda, amados, en este eje 2/8, es el impulso acumulado total de mi maestría en el corazón de Cristo. Recordad que esta es la línea del plexo solar. A través del plexo solar estalla una guerra planetaria y la guerra en los miembros. Ahí consagráis el sitio de la paz a diario con el Gran Disco Solar. Puesto que este sitio es la sede de los deseos y el deseo desacerbado produce sufrimiento y el sufrimiento en sí es un yugo que nos ata al síndrome de la vejez, la enfermedad y la muerte; y puesto que lo que causa karma se

convierte en una división en el deseo —una parte de uno mismo deseando a Dios, otra parte (el morador y el cinturón electrónico) siendo atraída por un magnetismo malvado y el glamur de los ángeles caídos y lo que el mundo ofrece—; por tanto, os concedo, de mi cuerpo causal, el impulso acumulado de la llama del Príncipe de la Paz que recibí y que he extraído del Elohim Paz. Este poder de la paz, amados, os sella el plexo solar y el cuerpo de los deseos, o cuerpo astral, si lo queréis. Esta dispensación continuará y no se anulará año tras año". El decreto del "Gran Disco Solar", 0.02, se encuentra en *Oraciones, meditaciones y decretos dinámicos.*

11. La Diosa de la Libertad es la jerarca e iniciadora que forma parte de los Señores del Karma bajo la jerarquía cósmica de Leo, poniendo a prueba a las almas de la Tierra con respecto a la cualidad de la gratitud Divina: sensibilidad del alma hacia y apreciación por cada parte de la vida.

CAPÍTULO 4: **La iniciación de los corazones**

Este dictado se publicó en las *Perlas de Sabiduría,* vol. 31, nº. 26, 12 de junio de 1988.

1. Efesios 5:26.
2. Hebreos 13:2.
3. Mu, o Lemuria, fue el continente perdido del Pacífico que, de acuerdo con los descubrimientos de James Churchward, arqueólogo y autor de *El continente perdido de Mu,* se extendía desde el norte de Hawái hasta 4.800 kilómetros al sur de la Isla de Pascua y las islas Fiyi, y estaba compuesto de tres zonas de tierra de más de 8.000 kilómetros de extensión de este a oeste. La historia de Churchward sobre la antigua Madre Tierra está basada en unos escritos en tablillas sagradas que él afirmó haber descubierto en la India. Con la ayuda de un sumo sacerdote de un templo indio, descifró las tablillas y durante cincuenta años de investigación confirmó su contenido gracias a otros escritos, inscripciones y leyendas con las que se encontró en el Sudeste Asiático, el Yucatán, Centroamérica, las islas del Pacífico, México, Norteamérica, el antiguo Egipto y otras civilizaciones. Churchward estima que Mu se destruyó aproximadamente hace doce mil años debido a un derrumbamiento de las cámaras de gas que sostenían al continente.

Véase *The Lost Continent of Mu* (1931; nueva edición, New York: Paperback Library Edition, 1968).

4. El cuerpo etérico o de la memoria contiene las Tablas de *Mem* (memoria), las grabaciones electrónicas y computarizadas de todas las vibraciones e impulsos energéticos jamás producidos a través del alma y sus vehículos superiores e inferiores. Este registro de la vida (el campo V) está escrito en una cantidad innumerables de discos de luz, los cuales forman el patrón de la identidad cambiante y en evolución del alma uniéndose al Espíritu; ello determina los patrones que se exteriorizarán en los tres vehículos inferiores: el cuerpo mental, el cuerpo de los deseos y el cuerpo físico. Solo la llama violeta puede alterar de forma permanente el efecto mediante la transmutación total de la causa. Para obtener más enseñanza, véase Serapis Bey, *Dossier on the Ascension (Actas de la ascensión),* págs. 87-88.
5. Toma de poder por parte de China y destrucción de la cultura del Tíbet. Véase Elizabeth Clare Prophet, "The Abdication of America´s Destiny" ("La renuncia al destino de los Estados Unidos"), 2ª parte, *Perlas de Sabiduría,* vol. 31, nº. 23, 5 de junio de 1988; Señor Maitreya, "Welcome to the Mystery School!" ("¡Bienvenidos a la escuela de misterios!"), *Perlas de Sabiduría,* vol. 31, nº. 6, 7 de febrero de 1988.
6. La transferencia de las llamas de los templos de Lemuria y la Atlántida. Véase Mark L. Prophet y Elizabeth Clare Prophet, *Lords of the Seven Rays: Mirror of Consciousness (Señores de los siete rayos: Espejo de la conciencia),* primer libro, pág. 80, 89, 129, 131, 149; segundo libro, pág. 276.
7. El Sacerdocio de Melquisedec. Génesis 14:18; Salmos 110:4; Hebreos 5:5-10; 6:20; 7. Para obtener más información sobre Melquisedec, véase el artículo de la Enciclopedia de los Maestros Ascendidos sobre él en enciclopedia.SummitLighthouse.org.
8. Santiago 1:21.

CAPÍTULO 5: **Una llama trina de Libertad**

Este dictado se ha publicado en las *Perlas de Sabiduría,* vol. 31, nº. 62, 24 de septiembre de 1988.

1. Una Tierra Pura o una Tierra Pura del Buda es, en la teología

budista, un reino espiritual o paraíso presidido por un Buda en el que las condiciones son ideales para el logro de la iluminación. La más famosa de ellas es Sukhavati ("Tierra Pura" o "Tierra Feliz"), el Paraíso Occidental del Buda Amitabha, que tiene la ayuda de los bodhisatvas de Avalokitesvara (Kuan Yin) y Mahasthamaprapta. Consta en un sutra (discurso del Buda) que cuando Amitabha era un bodhisatva, debido a su gran compasión por todos los seres existentes, prometió llegar a ser un Buda si quienes invocaban su nombre fielmente renacieran en un paraíso así (según otra versión de este sutra, a los fieles también se les exige que vivan según ciertos preceptos y que lleven a cabo buenas obras para renacer allá). La Tierra Pura se describe en escritos budistas como una hermosa morada, rica y fértil, habitada por dioses y hombres; carece de cualquier dolor o pecado, así como de los problemas de la existencia cotidiana, y sus habitantes son libres de practicar las enseñanzas del Buda. Cuando alguien renace en el Paraíso Occidental de Amitabha, se cree que tal ser está destinado a lograr el estado Búdico bajo la tutela de Amitabha y sus bodhisatvas, aunque eso lleve millones de años. La escuela de la Tierra Pura del budismo, cuyos adherentes esperan renacer en la Tierra Pura a través de la eficacia de Amitabha, se ha convertido en una de las formas más populares de budismo mahayana en China y Japón. Varios maestros ascendidos se han referido de forma parecida al Retiro Interno como una Tierra Pura.

2. Para comprenden la gravedad de la amenaza que suponen los extraterrestres entre nosotros, escuche las grabaciones de exposición en Summit University Fórum de Elizabeth Clare Prophet y sus invitados sobre el encubrimiento de los extraterrestres por parte del Gobierno, "The UFO Connection: Alien Spacecraft and government Secrecy" ("La conexión UFO: naves espaciales extraterrestres y el secretismo del Gobierno"), 1 de julio de 1988, disponible en AscendedMasterLibrary.org.
3. El Juicio de los Vigilantes (ángeles caídos) pronunciado a través de Enoc. "El Señor me ha dicho: Enoc, escriba de justicia, ve y di a los Vigilantes del cielo, que han desertado de su alto cielo y de su puesto santo y eterno, que se han contaminado con mujeres. Y que han hecho como hacen los hijos de los hombres, tomando esposas, y que se han corrompido en gran manera en la tierra; que

en la tierra nunca obtendrán paz y la remisión del pecado. Porque no se complacerán en su progenie; contemplarán la matanza de sus amados; lamentarán la destrucción de sus hijos; y pedirán por siempre; pero no obtendrán misericordia y paz. Les hablé a todos juntos; y todos se aterrorizaron, y temblaron; me rogaron que escribiera en su nombre un memorial de súplica para poder obtener perdón; y que yo hiciera que el memorial de su oración ascendiera ante el Dios del cielo. Entonces escribí un memorial de su oración y súplica, por sus espíritus, por todo lo que hubieron hecho y por aquello por lo que rogaban, para poder obtener la remisión y el descanso. Caí y tuve una visión de castigo, para que se la relatara a los hijos del cielo y los reprendiera. He escrito vuestra petición; y en la visión que me han mostrado, que lo que pedís no se os concederá mientras perdure el mundo. El juicio se ha dictado sobre vosotros: vuestra petición no se os concederá. Él ha dicho que en la tierra Él os atará, mientras el mundo perdure. Pero antes de estas cosas veréis la destrucción de vuestros amados hijos; no los poseeréis, sino que caerán ante vosotros por la espada. Ni rogaréis por ellos ni por vosotros; sino que lloraréis y suplicaréis en silencio". 1 Enoc 12:5-7; 13:4-7, 9; 14:2-7. Véase *Ángeles caídos y los orígenes del mal,* donde se incluyen todos los textos de Enoc, con una exégesis y exposición de Elizabeth Clare Prophet.

4. Mateo 25:40.
5. Kuan Yin, "The Heart's Capacity for Love" ("La capacidad de amar del corazón"), *Perlas de Sabiduría,* vol. 31, nº. 61, 18 de septiembre de 1988.
6. Llamados de Jesús al sendero de la ascensión, el discipulado y la Cristeidad. Véase Elizabeth Clare Prophet, *Caminando con el Maestro: Respondiendo el llamado de Jesús.*

CAPÍTULO 6: **La meta: victoria en la llama trina**

Este dictado se ha publicado en las *Perlas de Sabiduría,* vol. 31, nº. 64, 1 de octubre de 1988.

1. El Templo de la Ascensión, retiro etérico de Serapis Bey, Chohán del Cuarto Rayo, se encuentra en Lúxor (Egipto). Para obtener más información sobre el retiro, vidas pasadas y enseñanzas de Serapis Bey, véase Mark L. Prophet y Elizabeth Clare Prophet,

Lords of the Seven Rays: Mirror of Consciousness (Señores de los siete rayos: Espejo de la conciencia), primer y segundo libro; Serapis Bey, *Dossier of the Ascensión (Actas de la ascensión)*; Mark L. Prophet y Elizabeth Clare Prophet, *Los Maestros y sus retiros.*

2. Poderoso Cosmos, "The Sword of Mighty Cosmos" ("La espada del Poderoso Cosmos"), *Perlas de Sabiduría,* vol. 31, nº. 63, 25 de septiembre de 1988.
3. El maestro ascendido Djwal Kul enseña en *Estudios intermedios del aura humana (Intermediate Studies of the Human Aura)* que la cámara secreta del corazón "es el lugar en el que el chela entra en contacto con el Gurú. Es el lugar en el que las leyes del cosmos están escritas en las partes interiores del hombre. Porque la Ley está inscrita como el Sendero Óctuple del Buda en las paredes interiores de la cámara. Los ocho pétalos de la cámara secundaria del corazón simbolizan la maestría de los siete rayos a través de la llama del Cristo (llamada llama trina) y la integración de esa maestría en el Octavo Rayo". (*The human Aura [El aura humana],* págs. 108, 111-12). En su primer sermón después de alcanzar la iluminación, el Buda Gautama enseñó las Cuatro Nobles Verdades y el Sendero Óctuple. Las Cuatro Nobles Verdades afirman que 1) la vida es *dukkha* (desalineado; traducido como sufrimiento, dolor, aflicción, descontento, imperfección, pecado, mal), 2) la causa de *dukkha* es el deseo exacerbado, 3) la libertad de *dukkha* se encuentra en el logro de nirvana, 4) el camino para llegar a esta liberación es a través del Sendero Óctuple, que los maestros ascendidos enseñan corresponde a los ocho rayos: comprensión correcta, primer rayo; pensamiento correcto, segundo rayo; habla correcta, tercer rayo; acción correcta, cuarto rayo; medio de vida correcto, quinto rayo; esfuerzo correcto, sexto rayo; consciencia correcta, séptimo rayo; concentración correcta o absorción correcta, octavo rayo. (*Perlas de Sabiduría,* vol. 26, nº. 21, 22 de mayo de 1983).
4. Juan 20:29; 1 Juan 4:2, 21.
5. En el libro de Sanat Kumara, *La apertura del séptimo sello,* este maestro explica que él ocupa el cargo de la Madre Divina, o la Mujer, en la línea seis del reloj cósmico. Véase págs. 58-59, 63-64, 84, 140, 160, 173, 206, 247.
6. Los ciclos de catorce meses de Serapis Bey. El 29 de diciembre de 1978, Serapis Bey, Chohán del Cuarto Rayo, anunció en el

solsticio de invierno del 21 de diciembre de 1978 que se había inaugurado un ciclo de catorce meses de iniciación en el que aumentaríamos la esfera blanca de nuestro cuerpo causal. Serapis dijo: "La meta de estos catorce meses es que vuestra corriente de vida pase por las catorce estaciones de la cruz de la Mujer y su progenie. Os anuncio, pues, la dispensación y el medio por el cual podéis aumentar la gran esfera blanca de vuestro cuerpo causal individual que rodea la Luz de Alfa y de Omega". Desde ese momento, cada período de catorce meses ha marcado la iniciación de otro ciclo de catorce meses a través de esferas sucesivas del cuerpo causal multiplicado por el Imán del Gran Sol Central de la esfera blanca, es decir, amplificado por el fuego blanco de la Madre, el poder de la llama de la ascensión.

El 27 de enero de 1980, Serapis Bey nos dijo que las pruebas de las catorce estaciones de la cruz que atravesamos durante los ciclos de catorce meses son la "oportunidad para vosotros y vuestra amada llama gemela de transmutar un impulso acumulado extraordinario de karma personal y planetario".

El 2 de enero de 1988, Sanat Kumara habló de los desafíos de la iniciación en los rayos secretos: "Benditos, el propio campo energético y el aura de los hijos de Dios puede ser en la Tierra todo el poder del Imán del Gran Sol Central. Por tanto, os digo, invocad el Imán del Gran Sol Central y sabed qué serias y qué completas son las dispensaciones de Serapis Bey. Todos y cada uno de los ciclos de catorce meses estaréis llamando al Gan Sol Central para amplificar una de las esferas del cuerpo causal por el poder de la llama de la ascensión. Benditos, comprended que esto sirve para vuestra protección suprema y os hemos explicado que las iniciaciones de los cinco rayos secretos, posteriores a las de los siete, son de lo más difíciles. Porque ahí está el punto de la violación del corazón". (*Perlas de Sabiduría,* vol. 31, nº. 4, 24 de enero de 1988).

El 28 de febrero de 1987, Serapis Bey anunció el comienzo de "catorce meses de iniciación planetaria en el primer rayo secreto" como el primero de cinco ciclos en los cinco rayos secretos del cuerpo causal. El 25 de abril de 1988, en el dictado que iniciaba el ciclo del segundo rayo secreto, Serapis Bey explicó que allá donde no hubiéramos aprovechado la oportunidad de lograr una maestría sobre nosotros mismos en el ciclo del primer rayo secreto, podíamos "hacer llamados para tener otra oportunidad de volver y echar el cimiento del primero simultáneamente al segundo, construyendo así dos niveles de una casa al mismo tiempo". La mensajera también explicó en una conferencia del 28 de octubre de 1984 sobre los ciclos de catorce meses que quienes no conocían estos ciclos de iniciación o quienes tenían la impresión de no haberse aprovechado al máximo de ellos, podían "volver y hacer llamados desde el anillo central del cuerpo causal hacia fuera, hasta el presente, y pedir las iniciaciones de esos anillos de acuerdo con la voluntad de Dios y la inteligencia discernidora de su conciencia superior".

7. Las Meditaciones del Corazón de Saint Germain I y II, dadas por Elizabeth Clare Prophet a petición de Saint Germain, sirven para limpiar, fortalecer e iniciar el chakra del corazón y para equilibrar la llama trina. Contienen oraciones devocionales, decretos, mantras, himnos, meditaciones y visualizaciones, así como instrucción e invocaciones realizadas por la mensajera y la oportunidad de que los participantes ofrezcan oraciones personales. La Meditación del Corazón de Saint Germain I, del 3 de mayo de 1987, y la II, del 10 de julio de 1988, están disponibles en Store.SummitLighthouse.org.
8. La tesis que dice que el virus del SIDA fue creado en un laboratorio mediante una manipulación genética de virus mortíferos de animales, dándoles la capacidad de cruzar la barrera de las especies y atacar el sistema inmunológico humano, es examinada por Elizabeth Clare Prophet y sus invitados al Summit University Fórum, "La conspiración del SIDA: ¿encubrimiento de la clase dirigente, engaño farmacéutico o guerra biológica?", 2 de julio de 1988, disponible en AscendedMasterLibrary.org.
9. Cuatro principios de la Divinidad: Dios como Padre (Impersonalidad Impersonal), Madre (Personalidad Personal), Hijo (Personalidad Impersonal) y Espíritu Santo (Impersonalidad Personal). Kuthumi y Dwjal Kul, *El aura humana,* págs. 119-22, 141; Elizabeth Clare Prophet, *The Great White Brotherhood in the Culture, History and Religion of America (La Gran Hermandad Blanca en la cultura, historia y religión de los Estados Unidos),* págs. 184-85, fig. 9, pág. 216.

CAPÍTULO 7: **La Mediadora de la Plenitud Divina**

Este dictado se ha publicado en las *Perlas de Sabiduría,* vol. 31, n°. 82, 3 de diciembre de 1988.

1. Los católicos conocen a la bendita Virgen María como la Mediadora de todas las gracias. San Buenaventura describió su función como Mediadora "entre nosotros y Cristo, como Cristo está entre nosotros y Dios", y San Francisco la llamó "tesorera de gracias", "defensora", y "colaboradora en nuestra salvación". Los católicos, teniendo la creencia de que pueden rezar directamente a Dios Padre y a Dios Hijo, tienen asimismo una profunda devoción y confianza en la Virgen bendita como quien siempre intercede por ellos; creen que ella tiene una gran influencia en su hijo, con quien encuentra favor, y que Dios la ama y confía en ella tanto que nunca le niega sus peticiones. También se enseña que Cristo, en su papel de Mediador entre Dios y los hombres, gusta de conceder a los hombres gracias cuando invocan la intercesión de su Madre con devoción a su Corazón Inmaculado. San Buenaventura dijo que "cuando la sagradísima Virgen acude a Dios para interceder por nosotros, como Reina, ordena a todos los ángeles y santos que la acompañen y unan sus oraciones a las suyas".
2. Estatuas que lloran. En todo el mundo se han visto y fotografiado cientos de estatuas de la Virgen María derramando lágrimas, especialmente las conocidas como Madonna de los peregrinos, que se parece a la aparición de la Virgen de Fátima. Los observadores dicen que hay una correlación entre los eventos del mundo y las lágrimas de las estatuas.
3. Véase capítulo 6 de este volumen.
4. La luz del retiro etérico de Fátima se afianzó en el Corazón del Retiro Interno el 26 de febrero de 1988, durante el dictado del 15 aniversario de la ascensión de Lanello, que tuvo lugar en Lisboa (Portugal). ("The bodhisattva Vow" ["El voto del bodhisatva"], *Perlas de Sabiduría,* vol. 31, n°. 34, 2 de julio de 1988, n. 1).
5. Los focos de los rayos masculino y femenino de la divinidad están en los retiros etéricos del Señor Himalaya y del Dios y la Diosa Merú respectivamente. El 10 de octubre de 1988, Hércules dijo que debido a que la zona física del lago Titicaca en los Andes (donde el rayo femenino debe afianzarse físicamente) está cubierta con sustancia astral, el Rancho Royal Teton "debe bastar" como

"foco físico del rayo femenino para la Tierra aquí, en las Rocosas del Norte... hasta que el período oscuro del esfuerzo de la Tierra pase". Debido a que los maestros no ascendidos de los himalayas guardan la llama del rayo masculino, este está afianzado físicamente en los Himalayas, en el Retiro del Loto Azul del Señor Himalaya. ("A Step of Attainment" ["Un paso de logro"], *Perlas de Sabiduría,* vol. 31, nº. 80, 26 de noviembre de 1988).

6. El 15 de diciembre de 1985, Sanat Kumara anunció que el Retiro de la Madre Divina estaba ubicado sobre toda la zona del Rancho Royal Teton. ("The Retreat of the Divine Mother at the Royal Teton Ranch" ["El Retiro de la Madre Divina en el Rancho Royal Teton"], *Perlas de Sabiduría,* vol. 29, nº. 10, 9 de marzo de 1986).
7. Shambala Occidental, el retiro etérico de Gautama Buda centrado en el Corazón del Retiro Interno en el Rancho Royal Teton (Montana) es una extensión de Shambala, punto del retiro original de Sanat Kumara ubicado por encima del desierto de Gobi, donde descendieron los portadores de luz que lo acompañaron a la Tierra. ("The Arcing of the Flame of Shamballa to the Inner Retreat" ["El arco de la llama de Shambala hasta el Retiro Interno"], *Perlas de Sabiduría,* vol. 24, nº. 20, 17 de mayo de1981).
8. La dispensación de la forma de pensamiento curativa entregada por el Arcángel Rafael el 28 de marzo de 1964. Esta forma de pensamiento está compuesta de tres esferas concéntricas: blanca en el centro, después azul zafiro y después fuego sagrado verde esmeralda. Esta forma de pensamiento ha sido creada científicamente por el Arcángel Rafael para la sanación espiritual y física y para recuperar el diseño original interior y la plenitud divina cuando se la visualiza sobrepuesta a y penetrando en cada átomo, célula y electrón de los cuerpos inferiores o un órgano específico. Como lo describe el Arcángel Rafael, el núcleo de fuego blanco está "rodeado... de una funda azul de luz poderosa y tangible" que "denota la voluntad de Dios... la perfección manifiesta para toda la humanidad. La poderosa funda verde, vibrante y trémula alrededor de todo ello, es la sustancia de la cualificación sanadora para la Tierra y para sus evoluciones". Véase Arcángel Rafael, "The Healing Mission" ("La misión de sanación"), *Perlas de Sabiduría,* vol. 28, nº. 49, 4 de diciembre de 1985; Mark L. Prophet y Elizabeth Clare Prophet, "Mi visualización de la forma de pensamiento

curativa", en La ciencia de la Palabra hablada, con ilustraciones a color para la visualización, págs. 133-48; y "La forma de pensamiento curativa: la imagen perfecta del diseño divino", decreto 50.04A en *Oraciones, meditaciones y decretos dinámicos.*

CAPÍTULO 8: **El misterio de la llama trina**

Este dictado se ha publicado en las *Perlas de Sabiduría,* vol. 32, nº. 41, 8 de octubre de 1989.

1. Saint Germain se marcha de la ciudad de Washington. Véase Saint Germain, ¡It Is the Last Time" ("Es la última vez"), *Perlas de Sabiduría,* vol. 30, nº. 81, 20 de diciembre de 1987.
2. Un Ser Cósmico aparece sobre la comunidad como vigilante protector y como la presencia del Buda. Véase Saint Germain, "The Sword of Divine Justice Descends upon America" ("La espada de justicia divina desciende sobre los Estados Unidos"), *Perlas de Sabiduría,* vol. 32, nº. 39, 24 de septiembre de 1989.
3. Apocalipsis 12:1-6, 13-17.
4. La Diosa de la Democracia en la plaza de Tiananmen. La Estatua de la Libertad en la bahía de Nueva York fue la inspiración de la estatua de 10 metros de la «Diosa de la Democracia», creada por los estudiantes chinos que se manifestaron por la libertad en China durante los meses de abril y mayo de 1989. Aunque la estatua se llamó en un principio «Diosa de la Libertad» en chino, llegó a ser conocida popularmente, en China y después en Occidente, como la «Diosa de la Democracia», porque representaba la aspiración del pueblo de China a tener una reforma política y la democracia. En las primeras horas de la mañana del 4 de julio terminó el enfrentamiento de siete semanas entre el Gobierno y los estudiantes, cuando diez mil soldados irrumpieron en la plaza de Tiananmen arrojando gas lacrimógeno y disparando rifles y ametralladoras de forma indiscriminada hacia la muchedumbre. Algunos manifestantes opusieron resistencia lanzando piedras y cócteles molotov, pero al cabo de unas pocas horas el ejército logró el asumir el control de la plaza. La estatua de la Diosa de la Democracia se demolió. Se estima que entre 500 y 7.000 personas fueron masacradas por sus compatriotas, aplastadas por los tanques en movimiento, derribadas en la plaza o matadas cuando dormían al

arrasar los soldados los vecindarios de Pekín. Probablemente nunca se conocerá el verdadero número de personas muertas puesto que se reportaron incineraciones masivas de cadáveres. Para obtener un informe detallado de aquellos eventos, véase *Perlas de Sabiduría,* vol. 32, nº. 29, 16 de julio de 1989, n. 5.

5. Esto también podría hacer referencia a la Tierra Pura. Véase capítulo 5 de este volumen, pág. 177, n. 1.
6. Llama Trina Cósmica de la Libertad implantada por la Diosa de la Libertad. Véase capítulo 5 de este volumen.
7. En un dictado del 7 de julio de 1963 en la ciudad de Washington, la Diosa de la Libertad puso el "símbolo de lo que se conoce como la Orden del Lirio Dorado" sobre el corazón de quienes la ayudaran a "levantar la antorcha" por la humanidad encarnada y desencarnada. Los iniciados en la Orden del Lirio Dorado tienen la oportunidad y al responsabilidad de invocar la intercesión de las huestes del Señor para la iluminación y la liberación de las almas de luz atrapadas en el plano astral, especialmente las que pasan por la transición llamada muerte, para que puedan ser protegidas y acompañadas por los ángeles a las octavas de luz y a los retiros de la Gran Hermandad blanca. Los Guardianes de la Llama se reúnen cada viernes por la noche para realizar el Servicio de la Ascensión y cumplir con este compromiso. En el dictado, la Diosa de la Libertad dijo: "Insto a todos a que lleven este lirio dorado en su corazón y reconozcan que tienen mi poder. Y si me llamáis en conciencia a mí y a vuestra poderosa Presencia YO SOY y Santo Ser Crístico y reconocéis que sois alguien que eleva la lámpara a fin de ser alguien que muestre el camino a la humanidad, tanto a los que están aquí abajo como a los que están en reinos psíquicos y astrales, os daréis cuenta de que estáis trabajando con los ángeles de la liberación y con el Arcángel Miguel.
8. La llama trina. Véase Saint Germain, *A Trilogy on the Threefold Flame of Life (Trilogía sobre la llama trina de la vida),* tercer libro en *Saint Germain de alquimia,* págs. 267-345; Mark L. Prophet y Elizabeth Clare Prophet, (*La ciencia de la Palabra hablada,* págs. 126-31, 134, 138, con ilustraciones a color para la visualización.
9. Romanos 8:2; 2 Corintios 3:17; Gálatas 5:1, 13.
10. Santiago 4:3.
11. Mateo 10:32, 33; Lucas 12:8, 9; 2 Timoteo 2:12.

12. Los Cinco Budas Dhyani y los cinco venenos. En el budismo tibetano se enseña que existen cinco venenos que suponen un peligro supremo para el progreso espiritual del alma y que las sabidurías de los Cinco Budas Dhyani contrarrestan o proporcionan el antídoto a cada veneno. La sabiduría que todo lo penetra de Vairochana contrarresta la ignorancia; la sabiduría reflejante (como un espejo) de Akshobhya disipa la ira y el odio; la sabiduría de la igualdad de Ratnasambhava conquista el orgullo; la sabiduría discriminatoria de Amitabha vence las ansias de algo, la avaricia y las pasiones; y la sabiduría que todo lo logra que es la acción perfecta de Amoghasiddhi contrarresta la envidia y los celos.
13. El Señor viene con diez mil santos. Deuteronomio 33:2; Judas 14; 1 Enoc 2, en Elizabeth Clare Prophet, *Ángeles caídos y los orígenes del mal,* pág. 102; Arcángel Uriel, *Perlas de Sabiduría,* vol. 30, nº. 9, 1 de marzo de 1987.
14. Deuteronomio 30:19.
15. Segunda Muerte, Apocalipsis 2:11; 20:6, 11-15; 21:8; Mark L. Prophet y Elizabeth Clare Prophet, *Las enseñanzas perdidas de Jesús II,* págs. 75, 117-19, 258, 387.
16. Las Cuatro Libertades Sagradas son la libertad de culto, la libertad de expresión, la libertad de prensa y la libertad de asociación, como están enumeradas en la primera enmienda de la Constitución de los Estados Unidos de América. El presidente Franklin Delano Roosevelt, en su anual mensaje al Congreso, el 6 de enero de 1941, enumeró lo que llegaría a conocerse como las «Cuatro Libertades»: libertad de palabra o expresión, libertad de culto, libertad de carencia y libertad de temor.
17. El ataque a la Sangha del Buda en Occidente. El 4 de julio de 1989, la mensajera pronunció la primera parte de su discurso del Cuatro de Julio, The Attack on the Sangha of the Buddha East and West" ("El ataque a la Sangha del Buda en Oriente y Occidente"). La mensajera habló de algunos de los desafíos más importantes que ha enfrentado y que enfrenta ahora la comunidad patrocinada por la Gran Hermandad Blanca en el Rancho Royal Teton. Entre los temas tratados están los incendios del parque nacional Yellowstone, que tuvieron lugar durante el verano de 1988; temas medioambientales, como la Declaración de Impacto Medioambiental emitido por el Departamento de Salud y Ciencias

Medioambientales de Montana sobre la urbanización en el Rancho Royal Teton; y la campaña para reunir apoyo para la adquisición federal del rancho como colchón para la protección del parque Yellowstone. Esta conferencia está disponible en AscendedMaster Library.org.

18. Desde la invasión comunista china del Tíbet en 1950, China ha matado o ha dejado morir de hambre a 1,2 millones de tibetanos. Véanse las conferencias de Elizabeth Clare Prophet del 4 de enero de 1988, "The Abdication of America's Destiny" ("La abdicación del destino de los Estados Unidos"), segunda parte, *Perlas de Sabiduría,* vol. 31, nº. 23, 5 de junio de 1988; 5 de julio de 1989, "The Attack on the Sangha of the Buddha East and West" ("El ataque a la Sangha del Buda en Oriente y Occidente"), segunda parte, disponible en AscendedMasterLibrary.org. Para obtener un resumen, véase el artículo sobre el Tíbet en la enciclopedia de los maestros ascendidos, Encyclopedia.SummitLighthouse.org.

CAPÍTULO 9: **Abrid vuestro corazón a Dios**

Este dictado se ha publicado en las *Perlas de Sabiduría,* vol. 36, nº. 9, 28 febrero de 1993.

1. Apocalipsis 13:8.
2. Este dictado tuvo lugar durante un seminario de fin de semana, *How to Contact Angels—Your Guides, Guardians and Friends (Cómo entrar en contacto con los ángeles: tus guías, protectores y amigos).*
3. El propiciatorio es el trono de Dios sobre el arca de la alianza, considerado el sitio de divino acceso, comunión y propiciación. Véase Éxodo 25:17-22.
4. Apocalipsis 20:1-3, 7-10.
5. Mateo 26:28; Hebreos 9:22.

CAPÍTULO 10: **Afrontad los desafíos de vuestra vida**

Este dictado se ha publicado en las *Perlas de Sabiduría,* vol. 37, nº. 24, 12 de junio de 1994.

1. La llama trina se denomina alternativamente Santa Llama Crística, Llama Trina de la Vida y Llama Trina de la Libertad. Sus tres penachos se asemejan a la flor de lis, que adoptó la casa real de Francia

como emblema en el siglo XII. La flor de lis [del francés medio, "flor del lirio"] es una representación simbólica del lirio blanco. Consiste en tres pétalos u hojas, la central derecha, las otras dos doblándose hacia la derecha y la izquierda. En términos generales, la llama trina también se denomina chispa divina.

2. El 11 de enero de 1994, siete planetas –Marte, Venus, Neptuno, la Luna, el Sol, Urano y Mercurio– formaron una "megaconjunción" entre 17 y 26 grados en Capricornio. La influencia de esta megaconjunción tenía una duración hasta julio de 1995 e incluso más allá. Tenía el potencial de provocar dificultades económicas y militares, el establecimiento de dictaduras, plagas y hambruna de gran alcance, así como el peligro de radiactividad, posiblemente por guerra nuclear. Véase Elizabeth Clare Prophet, "Meeting the Challenge of World Karma on the Cusp of the Twenty-First Century–Seven Planets in Capricorn, January 11, 1994: Turning Challenge into Opportunity" ("Afrontar el desafío del karma del mundo en el umbral del siglo XXI; siete planetas en Capricornio, 11 de enero de 1994: cómo cambiar una dificultad en oportunidad"), *Perlas de Sabiduría,* vol. 36, nº. 43, 26 de septiembre de 1993. La conferencia también está disponible en AscendedMasterLibrary.org.
3. En agosto de 1989, la Mensajera solicitó a El Morya unas tareas de decretos para hacer "actos meritorios" que ayudaran a la Gran Hermandad Blanca, a El Morya, a la Iglesia Universal y Triunfante y a los portadores de luz del mundo. Durante la conferencia de otoño de 1989, *Los 12 trabajos de Hércules,* el Arcángel Miguel anunció que Hércules y los siete Elohim habían venido a darnos unos trabajos espirituales. El Arcángel Miguel dijo: "Vienen a daros las tareas gracias a las cuales este mundo puede liberarse de ciertos incrementos kármicos y ciertas manifestaciones de los caídos a las que se les ha acabado el tiempo". Durante la conferencia, la mensajera y los chelas hicieron 12 trabajos espirituales correspondientes a los 12 trabajos de Hércules de la mitología griega. El amado Hércules y El Morya nos han dado periódicamente trabajos para atar a las fuerzas astrales y a los ángeles caídos que atacan a los portadores de luz. Estas tareas de decretos, como ha explicado la mensajera, sirven como penitencia, como iniciación y para saldar karma.

4. La espada del Arcángel Miguel es de diseño medieval (bracamarte) con mango de madera y latón y una hoja desafilada de 33 centímetros de acero inoxidable, con el grabado "Arcángel Miguel". Es una espada ceremonial, a usarse solo ante el altar que no debe afilarse. Cuando la reciban, el Arcángel Miguel pondrá su espada sobre la suya.
5. Véase Señor Maitreya, "Vencer el temor con decretos", en Mark L. Prophet y Elizabeth Clare Prophet, *La ciencia de la Palabra hablada,* págs. 13-32.
6. El Templo del Sol es el retiro de la Diosa de la Libertad, en el plano etérico, sobre Manhattan. La Diosa de la Libertad concentra la llama de la Libertad (la llama trina) sobre el altar central, que está rodeado de doce santuarios dedicados a las doce jerarquías del Sol.
7. En un dictado del 30 de septiembre de 1962, el Maestro Ascendido K-17 anunció: "Hoy se ha transferido desde el retiro de Pablo el Veneciano en Francia, a las once según vuestra hora, el latido total de la gran llama de la Libertad. Esta llama se ha colocado de forma permanente en el campo energético del Monumento a Washington, y los latidos de la llama de la Libertad están destinados a adornar el corazón de los Estados Unidos como un regalo de la Hermandad y del corazón del amado Pablo el Veneciano. Este regalo se ofrece como un tesoro desde el corazón de Francia, desde el Gobierno espiritual de Francia al Gobierno espiritual de los Estados Unidos. La llama de la Libertad es un regalo de mayor magnitud que el anterior, la Estatua de la Libertad, como tributo a ese gran ser, la Diosa de la Libertad. Es algo incomparable, pues la llama penetrará en la estructura del monumento, elevándose en lo alto de la atmósfera por encima de él; y todos los que lo visiten se llenarán, sin ni siquiera saberlo, de los latidos de la llama de la Libertad en el corazón de los Estados Unidos". Véase *Lords of the Seven Rays (Señores de los siete rayos),* primer libro, págs. 132-33.
8. Segunda muerte. Véase Apocalipsis 2:11; 20:6, 11-15; 21:7, 8; y Mark L. Prophet y Elizabeth Clare Prophet, *Lost Teachings on Your Higher Self (Enseñanzas perdidas sobre tu Yo Superior),* págs. 50-52; *Lost Teachings on Finding God Within (Enseñanzas perdidas sobre cómo hallar a Dios en tu interior),* págs. 113-17.
9. 1 Crónicas 16:34, 41; 2 Crónicas 5:13; 7:3, 6; 20:21; Ezra 3:11; Salmos 118;1-4; 136.

10. “Morador del umbral” es un término utilizado para designar a lo que es contrario al yo, al yo irreal, al yo sintético, a la antítesis del Yo Real; el conglomerado de ego autocreado, mal concebido a través del uso erróneo del libro albedrío. Véase Mark L. Prophet y Elizabeth Clare Prophet, *The Enemy Within (El enemigo interior).*
11. Véase capítulo 8 de este volumen, pág. 186, n. 7.
12. Véase amada Astrea, “I Enlist Your Help!” (“¡Os apremio a que me ayudéis!”), en *Perlas de Sabiduría,* vol. 34, nº. 13, 31 de marzo de 1991.
13. Véase “Great Karmic Board” (“Gran Consejo Kármico”), decreto 7.29 en *Oraciones, meditaciones y decretos dinámicos;* y canción 413 en el *Libro de himnos y canciones de la Iglesia Universal y Triunfante.*
14. Véase Jesucristo, “The Call of the Cosmic Christ: Discipleship unto the Ascended Master Jesus Christ” (“El llamado del Cristo Cósmico: discipulado para el Maestro Ascendido Jesucristo”), en *Perlas de Sabiduría,* vol. 30, nº. 56, 25 de noviembre de 1987. Jesús dijo: “Os llamo a que seáis mis discípulos en el esfuerzo más serio de todas vuestras encarnaciones para reconocer que en vuestra carne veréis a Dios y seréis Yo. Y solo así se dotará este mundo de una suficiencia y Presencia de mi Cristeidad en el físico para detener la mano de la oscuridad que se aproxima”.
15. El 27 de enero de 1985, Kuthumi, Maestro Psicólogo, anunció una dispensación del Señor Maitreya: “Esta dispensación es la tarea que tengo de trabajar con cada uno de vosotros de forma individual por vuestra salud física y para sanar vuestra psicología, para que podamos llegar con rapidez a la causa y el núcleo de las condiciones físicas, así como espirituales y emocionales a fin de que ya no haya más contratiempos ni complacencias y la certeza de que no se darán dos pasos adelante y uno atrás. Por tanto, desde este momento, si queréis llamarme y tomar la decisión en vuestro corazón de trascender el yo anterior, yo os instruiré tanto a través de vuestro corazón como a través de cualquier mensajero que yo pueda enviaros”. Recordad el antiguo encuentro: Sobre el discipulado bajo el Señor Maitreya”, *Perlas de Sabiduría,* vol. 28, nº. 9, 3 de marzo de 1985).
16. El 1 de julio de 1992, Alfa y Omega dieron individualmente un dictado trascendental. Alfa dijo: “Debéis comprender que ni los

Maestros ni la Mensajera van a interferir en vuestra vida ni una ápice, a menos que lo pidáis, a menos que nos imploréis y decidáis que queréis el contacto directo y la disciplina directa y el amor directo con lo cual podáis ser liberados con rapidez de ciertos elementos de vuestra corriente de vida de los que quizá ni siquiera seáis conscientes. Por tanto, amados, si escribís una carta en la octava física dirigida a mí y a mi amada Omega y a la mensajera, diciendo qué nivel de discipulado quisierais... entonces empezaremos nuestro curso. Ya sea a niveles internos o en lo externo, ello simplemente depende de cuánto pueda dar la mensajera de una manera individual. Y nosotros, Alfa y Omega, os traemos hoy el mensaje de que en consideración de la mensajera y de vosotros, nos pondremos en posición a través de la mensajera para que ella pueda cuidar de muchos, no necesariamente en lo físico, en lo personal, sino con una poderosa acción del corazón, de la mente y con cierta instrucción para el alma a niveles internos. Amados, os habréis preguntado por qué la mensajera no os ha hablado directamente sobre muchas cosas. Es porque no os habéis comprometido así, escribiendo físicamente que deseáis esa relación Gurú-chela". ("The Fourth Woe" ["El cuarto ay"], *Perlas de Sabiduría,* vol. 35, nº. 33, 16 de agosto de 1992).

17. Juan 4:35.

CAPÍTULO 11: **Ningún otro concepto, sino la victoria para esta era**

Este dictado se ha publicado en las *Perlas de Sabiduría,* vol. 47, nº. 17, 25 de abril de 2004.

1. En un dictado del 19 de noviembre de 1960, el Dios Merú profetizó: "Aquí, en Sudamérica, se volverá a manifestar una gran raza. El amado Gran Director Divino –igual que muchos otros de las huestes ascendidas– espera el resurgimiento, el levantamiento, la construcción de ciudades magníficas, como Brasilia y otras, que surgirán de las cenizas de lo viejo. Porque aquí, en Sudamérica, hace muchos, muchos años, florecieron hermosas civilizaciones porque sus ciudadanos, con dignidad y honor, dieron gloria a la Divinidad". En el dictado que dieron el 21 de noviembre de 1965, el Dios y la Diosa Merú profetizaron que ciertas personas se mudarían de Norteamérica a Sudamérica para unirse a los

sudamericanos con el fin de construir de nuevo la gran civilización cósmica que en el pasado existió en Sudamérica. "Estamos decididos –dijeron– con una gran decisión interior, a que la santa sabiduría se convierta en una fuente de iluminación cósmica hasta que Norteamérica esté saturada de la radiación de nuestro retiro en el lago Titicaca. Y entonces, cuando empiece el gran éxodo en el que corrientes de vida escogidas del norte vengan a Sudamérica para revitalizar y unirse con ciertas corrientes de vida que ahora hay aquí, para volver a construir de nuevo la gran civilización cósmica en Sudamérica, se producirá una acción del fuego sagrado reflejada del norte al sur y del sur al norte, uniendo las culturas de oriente y de occidente y del norte y del sur en un gran avance cósmico que, incluso ahora, está empezando a brillar en el cielo de los magos perspicaces". Estos dictados estás disponibles en AscendedMasterLibrary.org.

2. En un dictado del 13 de abril de 1979, la Elohim Amazonia describió una antigua escuela de misterios ubicada en la parte septentrional del continente de Sudamérica, donde ser reunían los devotos para recibir la iniciación con el poder de los Elohim y para obtener la maestría del primer rayo. Ciertas mujeres iniciadas, después de "haber logrado todo lo que podían adquirir en nuestra escuela... decidieron salir y unirse a los ángeles rebeldes para tomar control de la Tierra". Estas mujeres dirigieron el odio que sentían por Dios Padre contra todos los representantes del rayo masculino, intentando destruir su identidad. Amazonia explicó que estas mujeres caídas han reencarnado hoy, encabezando los movimientos del aborto, la esterilización y el lesbianismo. Disponible en AscendedMasterLibrary.org.
3. Juicio final en la Corte del Fuego Sagrado. Elizabeth Clare Prophet escribe: "El libro del Apocalipsis habla de la 'segunda muerte'... la muerte del alma. En las escrituras dice: 'El alma que pecare, esa morirá'. (Ezequiel 18:4) Esto demuestra la posibilidad de que el alma que no escoja glorificar a Dios, hincar la rodilla ante el Cristo e ir por el camino de Cristo (o de la llama eterna de ese Cristo como aparece en el Buda, en la Madre, etc.) puede enfrentar la segunda muerte en el juicio final. El juicio final tiene lugar en la Corte del Fuego Sagrado ante los Veinticuatro Ancianos, que se sientan ante el gran trono blanco, el trono que es el campo

energético de Dios Todopoderoso. Por tanto, existe la posibilidad de que el alma que se rebele contra Dios sea anulada como campo energético, como conciencia. Y la energía de Dios y del Cristo interior, así como la de la Presencia YO SOY, regresaría entonces a la conciencia del Cristo universal y el Dios universal". (*Inner Perspectives [Perspectivas internas],* pág. 216) Véase también Apocalipsis 9:1-12; 11:7; 17:8; 20:1-3, 11-15.

4. A través de una filigrana de luz que conecta a su corazón con el de todos los hijos de Dios, el Señor del Mundo, Gautama Buda, sustenta y alimenta la llama trina, la chispa divina, para todos los niños de Dios de la Tierra. Véase Elizabeth Clare Prophet, "The Message of the Inner Buddha" ("El mensaje del Buda interior"), en *Perlas de Sabiduría,* vol. 32, nº. 30, 23 de julio de 1989.
5. "Levanto mi lámpara al lado de la puerta dorada" son las palabras con las que Emma Lazarus concluye su poema, "El nuevo coloso". El poema está grabado en la base de la Estatua de la Libertad en la bahía de la ciudad de Nueva York.
6. "Yo seré para ella, dice el SEÑOR, muro de fuego en derredor, y para gloria estaré en medio de ella." (Zacarías 2:5) Véase "Decreto de fuego violeta y tubo de luz de Saint Germain", decreto 0.01 en *Oraciones, meditaciones y decretos dinámicos.*
7. En los decretos 6.04 y 6.04A, ("Protección alrededor del reloj"), se enumeran las cualidades de las doce líneas del reloj cósmico y las perversiones de esas cualidades. Para obtener enseñanza sobre el reloj cósmico, véase Elizabeth Clare Prophet, *Predice tu futuro.*
8. Véase capítulo 6 de este volumen, pág. 182, n. 7.
9. Véase capítulo 8 de este volumen, pág. 186, n. 7.

CAPÍTULO 12: **Solo hay una forma de ascender**

Este dictado se ha publicado en las *Perlas de Sabiduría,* vol. 45, nº. 44, 3 de noviembre de 2002.

1. Los Elohim Astrea y Pureza dieron un dictado antes de este dictado de la Diosa de la Libertad. Véase Poderosa Astrea y Pureza y la Maestra Ascendida Clara Louise, "The Word Must Be Spoken: Make the Call!" ("Se debe pronunciar la Palabra: ¡haced el llamado!"), *Perlas de Sabiduría,* vol. 45, nº. 43, 27 de octubre de 2002.
2. Véase Elibabeth Clare Prophet y Erin L. Prophet, *Reincarnation:*

The Missing Link in Christianity (Reencarnación: el eslabón perdido en el cristianismo).

3. El 8 de Agosto de 1958, El Morya escribió una carta a "los chelas míos", señalando la fundación de The Summit Lighthouse. En esa carta el Morya habló de las ascensiones en masa que se producirían como resultado de la aplicación de las "nuevas enseñanzas que publicaremos". El Morya dijo: "Esta nueva actividad de Lighthouse producirá la mayor emisión de libertad para la vida desde los días de las antiguas eras de oro. Las ascensiones ya no serán ocurrencias solitarias de la Tierra; pues tendrán lugar ascensiones en masa cuando se ame a la vida libre". (*Morya I,* prólogo, pág. xxvii). En un dictado del 3 de julio de 1969, la Reina de la Luz profetizó que se producirían ascensiones en masa desde las laderas. (no publicado)
4. Para una elaboración sobre cómo los eclesiásticos primitivos, ayudados por el emperador bizantino Justiniano y su consorte, Teodora, distorsionaron las verdaderas enseñanzas de Jesús, véase la nota 2 de este capítulo: *El eslabón perdido en el cristianismo.*
5. Los mensajeros Mark L. Prophet y Elizabeth Clare Prophet recibieron la unción de Saint Germain para ocupar el cargo de los Dos Testigos anunciado en Daniel 12:5; Apocalipsis 11:3-12.
6. Revelad a los fanáticos que no entienden la libertad. En el dictado que dio el 11 de octubre de 1996, K-17, Lanello y el Elohim Ciclopea dijeron: "Os apremiamos fervientemente, amados, para asegurarnos de que hacéis llamados a Ciclopea todas las semanas. Si podéis reuniros y hacer ciento cuarenta y cuatro decretos a Ciclopea [decreto 50.05], os digo que seremos capaces de frustrar muchos intentos de destruir todo lo que la Libertad tiene para este país. Todo lo que Saint Germain ha dado y todas las esperanzas por un mundo de paz pueden romperse si no hacéis esto, amados". ("Acceleration Is the Key" ["La aceleración es la clave"], *Perlas de Sabiduría,* vol. 44, n°. 41, 14 de octubre de 1001).
7. Isaías 30:21.
8. Judas 13.

CAPÍTULO 13: **El corazón lo es todo**

Este dictado se ha publicado en las *Perlas de Sabiduría,* vol. 45, n°. 45, 10 de noviembre de 2002.

1. Véase capítulo 6 de este volumen, pág. 182, n. 7.
2. Los maestros ascendidos enseñan que Marte, en su verdadero estado, es el planeta que representa a la Madre Divina y el chakra de la base de la columna *(muladhara).* La mensajera ha descrito a Marte como "la esfera blanca de intensa energía ígnea de la Madre Divina". Hace mucho tiempo, las evoluciones de Marte tomaron esa luz blanca y pura de la Madre y la pervirtieron con la guerra y los abusos del fuego sagrado. A través del abuso del libre albedrío y del chakra de la base de la columna, pervirtieron la luz de la Madre en lo que denominamos "abusos marcianos". Estos abusos pueden manifestarse a través de cualquiera de los chakras, pero están relacionados de manera específica con el abuso de la luz de la Madre en el chakra de la base de la columna. Estos abusos son: agresión, ira, arrogancia, argumentación, acusación, agitación, apatía, ateísmo, aniquilación, exasperación, sugestión mental agresiva; crítica, condenación y juicio; magnetismo malicioso, ignorante, simpático y delicioso; antiamericanismo, manifestaciones opuestas al Padre, a la Madre, al Cristo y al Espíritu Santo en los cuatro cuadrantes de la Materia. El hecho de que muchos de estos abusos empiezan con la A indica que también son una perversión de la luz del Padre, Alfa. La mensajera ha explicado que el "mesmerismo familiar" es otra manifestación de las energías marcianas. Esto es un apego humano basado en lazos sanguíneos en vez de espirituales. La guerra y otros conflictos violentos también nos llegan a través de la vibración y el aura de Marte. El abuso marciano supremo es la creación del hombre mecanizado, la creación sin Dios. (Véase Mark L. Prophet y Elizabeth Clare Prophet, *El sendero de Cristo o Anticristo,* págs. 146-80).

   Los astrólogos ven a Marte como el planeta de la acción basada en el deseo. La mensajera ha explicado: "Marte provoca una energía que produce acción, pero la energía se dirigirá dependiendo de cuáles sean nuestros deseos y ese será el tipo de acción que realizaremos". La mensajera enseña que al atar nuestros deseos a nuestro poderosa Presencia YO SOY, podemos dominar y someter a Marte; podemos "montar al toro" y aprovechar los fuegos creativos de Marte, el fuego blanco y puro de la Madre Divina. Ella nos ha aconsejado que cada vez que veamos una configuración de Marte en nuestra astrología, debemos decidir lograr una "victoria marciana" para no ser sometidos por las perversiones. A través del dominio de las energías marcianas, podemos lograr nuestra victoria en el fuego blanco de la Madre.

3. La Fraternidad de Guardianes de la Llama se fundó en 1961 bajo el patrocinio de Saint Germain. Los miembros de la fraternidad que están al día en sus pagos reciben las Lecciones de Guardianes de la Llama. Esta serie de lecciones mensuales expone la instrucción de los maestros ascendidos y los mensajeros sobre la aplicación práctica de la ley cósmica. La fraternidad recibe a todos quienes deseen comprometerse para conservar y sustentar la sacralidad de la vida.
4. Llamad al rayo rubí. El 26 de junio de 1995, Heros y Amora anunciaron que estaban plantando ladrillos del rayo rubí en la Tierra para la estabilización del planeta. "¡Que ahora haya un alivio para los niños de Dios!... —dijeron—. Nobles ángeles que sirven a los Elohim del Rayo Rubí, así como al Buda del Rayo Rubí se han ofrecido para detener las condiciones desestabilizadoras existentes en las profundidades de la Tierra y en los niveles más bajos del plano astral. Cuando hagáis llamados al Buda del Rayo Rubí y a estos ángeles que sirven a sus órdenes, ellos afianzarán el impulso acumulado de vuestros decretos al rayo rubí en los ladrillos de rayo rubí. Utilizamos la energía emitida de estos ladrillos para restringir las actividades de los ángeles caídos". ("Bricks of the Ruby Ray" ["Ladrillos del rayo rubí"], *Perlas de Sabiduría,* vol. 38, n°. 40, 17 de septiembre de 1995).
5. Esto se refiere a la enseñanza que la mensajera dio sobre cómo completar el viaje que uno realiza a lo largo de la circunferencia del reloj cósmico durante el seminario de Summit University de julio de 1997, *La victoria del amor en las doce líneas del reloj cósmico.* La mensajera explicó la importancia de acumular un fuerte impulso cuando uno baja desde la línea doce hasta la de las seis, adquiriendo suficiente fuego blanco en el chakra de la base de la columna para ascender por el otro lado del reloj, desde la línea seis hasta la de las doce. La primera mitad del reloj es el Impulso Alfa, el impulso del Espíritu, el salir de Dios o el descenso del alma por la luz del Padre, cuando el alma recibe las iniciaciones del Padre, del Hijo y del Espíritu Santo. La segunda mitad es el Regreso Omega, la entrada en Dios o el ascenso del alma por la luz de la Madre, cuando el alma recibe las iniciaciones del Buda y de

la Madre. A través de estas iniciaciones el alma sale del Gran Sol Central con el Impulso Alfa y adquiere experiencia en los universos de la Materia. En el Regreso Omega el alma vuelve a entrar en el cuerpo causal y regresa mediante el ritual de la ascensión al corazón de Dios en el Gran Sol Central. Para obtener más enseñanza sobre el reloj cósmico, véase Elizabeth Clare Prophet, *Predice tu futuro. Astrología de la Madre Divina. Astrología de la Madre Divina.*

6. El Guardián de los Pergaminos es el custodio de los archivos que contienen el libro de la vida de cada individuo. Él es la cabeza del grupo de ángeles conocido como ángeles del registro o ángeles registradores. Cada alma que evoluciona en el tiempo y el espacio tiene asignado un ángel registrador que escribe cada acción, palabra, acto, pensamiento y sentimiento. A la conclusión de cada día, el ángel registrador entrega el registro de ese día al Guardián de los Pergaminos, quien tiene la responsabilidad de proporcionar a los maestros ascendidos y a los Señores del Karma el registro de la vida de cualquier encarnación del individuo sobre el que deseen inquirir.
7. Solo vosotros podéis realizar vuestra ascensión. Véase K-17, Lanello y el Elohim Ciclopea, "Acceleration Is the Key ("La aceleración es la clave"), en *Perlas de Sabiduría,* vol. 44, nº. 41, 14 de octubre de 2001; Poderosa Astrea y Pureza, "The Word Must Be Spoken: Make the Call!" ("Hay que pronunciar la Palabra: ¡haced el llamado!"), en *Perlas de Sabiduría,* vol. 45, nº. 43, 27 de octubre de 2002.
8. "No es una carga,, Padre… es mi hermano" apareció en una publicación de la década de 1940 de Boys Town con una leyenda debajo de un dibujo de un niño cargando con otro más pequeño. El dibujo y la expresión ilustraba el trabajo realizado en Boys Town (fundado en Nebraska en 1917 por el Padre Edward J. Flannagan como hogar para niños huérfanos y con problemas). Ahora llamada Girls and Boys Town, la misión de la organización es cambiar la forma en que Estados Unidos cuida de sus niños en riesgo.
9. Orden de San Francisco y Santa Clara. Véase Kuthumi, "Remember the Ancient Encounter" ("Recordad el antiguo encuentro"), *Perlas de Sabiduría,* vol. 28, nº. 9, 3 de marzo de 1985; Santa Teresa de Lisieux, "Outside the Church" ("Fuera de la Iglesia"), segunda parte, *Perlas de Sabiduría,* vol. 31, nº. 39, 13 de julio de 1988.

CAPÍTULO 14: **Moldeaos según el diseño divino del amor**

Este dictado se ha publicado en las *Perlas de Sabiduría,* vol. 45, nº. 22, 2 de junio de 2002.

1. Ruth Hawkins fue una Guardiana de la Llama que ascendió en octubre de 1995 desde el Templo del Sol, retiro etérico de la Diosa de la Libertad sobre Manhattan. La mensajera la ha descrito como un alma valiente y llena de fuego que dio mucho a la causa de la Gran Hermandad Blanca. Desde 1963 hasta 1973 fue directora del Grupo de Estudios de The Summit Lighthouse de Los Ángeles, que entonces se llamaba Grupo de la Libertad de Saint Germain. Como su llama gemela, Pablo el Veneciano, Ruth se dedicó totalmente a la verdad y la belleza. Ruth era artista y derramó su gran devoción en sus pinturas. Creó muchos retratos de los Maestros Ascendidos. Para obtener más información sobre ella, véase Mark L. Prophet y Elizabeth Clare Prophet, *Los Maestros y sus retiros.*

CAPÍTULO 15: **Sobre la resolución del corazón con Dios**

Este dictado se ha publicado en las *Perlas de Sabiduría,* vol. 45, nº. 23, 9 de junio de 2002.

1. Véase Helena Roerich, *Heart (Corazón)* (New York: Agni Yoga Society, 1975).
2. Véase Nada, "An Ovoid of Love: Fear Not to Experience the Pain of Love" ("Un ovoide de amor: No temáis experimentar el dolor del amor"), *Perlas de Sabiduría,* vol. 32, nº. 51, 7 de noviembre de 1989.
3. Los maestros ascendidos El Morya, Kuthumi y Djwal Kul estuvieron encarnados como Melchor, Baltasar y Gaspar, los tres reyes magos que honraron al Niño Cristo.
4. Véase Jesucristo sobre cómo llegar a ser la novia de Cristo: "Behold, the Bridegroom Cometh" ("He aquí, el Novio viene"), *Perlas de Sabiduría,* vol. 37, nº. 18, 1 de mayo de 1994; y "The Call of Love: In Preparation for the Wedding Day" ("El llamado del amor: En preparación para el día de la bodas"), *Perlas de Sabiduría,* vol. 34, nº. 66, 22 de diciembre de 1991.
5. La mensajera Elizabeth Clare Prophet dirigió entre los años 1995 y 1998 unas meditaciones dirigidas para la Recuperación del Alma durante las conferencias trimestrales. En la actualidad, el ritual

de la recuperación del alma se lleva a cabo en cada conferencia trimestral mediante la utilización de la grabación en vídeo de las meditaciones de la mensajera. Para obtener más enseñanza sobre la recuperación del alma, véase Diosa de la Sabiduría, "A Page in the Book of the Mother´s Healing" (Una página del libro de la curación de la Madre"), segunda parte, *Perlas de Sabiduría,* vol. 20, nº. 9, 27 de febrero de 1977. Véase también Jesucristo, "The Sword of the Spirit" ("La espada del Espíritu"), *Perlas de Sabiduría,* vol. 39, nº. 38, 22 de septiembre de 1996; Saint Germain, "Dedicate This One Life to Me and I Will Plead for Your Ascension Before the Lords of Karma" ("Dedicadme esta vida y suplicaré por vuestra ascensión ante los Señores del Karma"), *Perlas de Sabiduría,* vol. 39, nº. 26, 30 de junio de 1996; El Morya, "Take a Stand for Truth" ("Defended la verdad"), *Perlas de Sabiduría,* vol. 38, nº. 8, 19 de febrero de 1995; Gautama Buda, "A Rescue Mission" ("Una misión de rescate"), *Perlas de Sabiduría,* vol. 38, nº. 21, 14 de mayo de 1995; y Elizabeth Clare Prophet, "On the Soul" ("Sobre el alma"), *Perlas de Sabiduría,* vol. 38, nº. 29, 2 de julio de 1995.

Enseñanzas de la Escuela de Misterio

Los discursos de Maitreya

Elizabeth Clare Prophet

Venid y encontradme...

Bienvenidos a la Escuela de Misterios del Señor Maitreya: el Buda de la misericordia, del amor y de la compasión.

Hace dos mil años, Maitreya le hizo una petición a su discípulo, Jesús, para que lo encontrara. Por eso, Jesús partió hacia los Himalayas para hallar al Padre, Maitreya, y recibir las enseñanzas que serían la clave para una era.

Ahora, una vez más, Maitreya hace la petición. ¿Eres uno de estos espíritus fervientes a los que el Buda Maitreya llama?

En este libro encontrarás esas claves para anclar la conciencia del Cristo Cósmico en tu vida. Maitreya dice: «Venid y encontradme».

Bienvenido a la aventura de las eras.

Estudios avanzados para la comprensión de uno mismo

Elizabeth Clare Prophet

Comprenda por qué hacemos lo que hacemos ...

Escape de la tiranía a la que nos sometemos por intentar ser perfectos...

Sienta una integración más profunda de cuerpo, mente y alma...

Tenga una vida más equilibrada y espiritual....

Los comentarios de Elizabeth Clare Prophet sobre el clásico espiritual, La comprensión de uno mismo, lleno de ejemplos prácticos y de sabiduría relacionada con la vida cotidiana, nos lleva a viajar más allá de las limitaciones de la psicología personal. Descubra cómo liberarse de las cargas del pasado y tener una vida como siempre debió ser.

Elizabeth Clare Prophet es una escritora de renombre mundial, instructora espiritual y pionera en la espiritualidad práctica. Sus innovadores libros se han publicado en más de treinta idiomas y se han vendido más de tres millones de ejemplares en todo el mundo.

Para obtener más información acerca de las obras de Elizabeth Clare Prophet, que incluye sus libros de bolsillo para la espiritualidad práctica y su serie sobre Las ensenanzas perdidas de Jesús y Los senderos místicos de las religiones del mundo visita SummitUniversityPress.com.

www.ingramcontent.com/pod-product-compliance
Lightning Source LLC
Chambersburg PA
CBHW070349090426
42733CB00009B/1346

* 9 7 8 1 6 0 9 8 8 4 5 9 8 *